DOM MICHEL AUPETIT

MINISTÉRIO E PATERNIDADE

Contra o clericalismo

Tradução
D. Hilário Moser

EDITORA
SANTUÁRIO

COORDENAÇÃO EDITORIAL:
Ana Lúcia de Castro Leite

REVISÃO:
Sofia Machado

DIAGRAMAÇÃO E CAPA:
Maicon Santos

Título original: *Paternité et cléricalisme*

Éditions Artège
10 rue Mercoeur – 75011 Paris
9 espace Méditerranée – 66000 Perpignan
www.editionsartege.fr

Dados Internacionais de Catalogação na Publicação (CIP) de acordo com ISBD

A926m Aupetit, Michel

Ministério e paternidade contra o clericalismo / Michel Aupetit ; traduzido por Hilário Moser. - Aparecida, SP : Editora Santuário, 2023.
80 p. ; 14cm x 21cm.

Tradução de: Paternité et cléricalisme
Inclui índice.
ISBN: 978-65-5527-363-2

1. Cristianismo. 2. Amorosidade. 3. Oração. 4. Espiritualidade. I. Moser, Hilário. II. Título.

2023-2365 CDD 240
CDU 24

Elaborado por Odilio Hilario Moreira Junior - CRB-8/9949

Índice para catálogo sistemático:
1. Cristianismo 240
2. Cristianismo 24

1ª impressão

Rua Pe. Claro Monteiro, 342 – 12570-045 – Aparecida-SP
Tel.: 12 3104-2000 – Televendas: 0800 0 16 00 04
www.editorasantuario.com.br
vendas@editorasantuario.com.br

PREFÁCIO

Eis um pequeno livro que fará muito bem na crise atual. Como ponto de partida, uma intuição, um diagnóstico, que nos parece muito adequado: o clericalismo é uma forma de paternalismo. O paternalismo, enquanto perversão da verdadeira paternidade, é outro nome do clericalismo.

Citemos logo algumas passagens fundamentais da obra:

"O que Cristo disse é que existe uma só paternidade, a de Deus, seu Pai".

"Considerar Deus como o verdadeiro Pai."

"O clericalismo é uma perversão da paternidade divina."

"Deus não é pai do modo como o são os homens."

"Passar do genitor para o Pai."

"O padre deve pôr-se à escola dos pais terrenos."

O texto começa com um apanhado histórico: as sociedades primitivas marcadas pela tensão entre matriarcado e patriarcado, o surgimento deste, a paternidade em Israel (Deus pai e mãe), a originalidade e unicidade absolutas de Jesus, Filho de Deus, revelador do único verdadeiro Pai, servidor de todos os seus irmãos; em seguida, a evolução do presbiterado e do episcopado na Igreja, suas reformas sucessivas, o reconhecimento progressivo do laicato, o Concílio Vaticano II; hoje...

Essa visão histórica é instrutiva e benfazeja. Propicia-nos um distanciamento em relação a nossos problemas atuais. Mostra-nos que a questão do pai jamais foi simples para a humanidade, inclusive para a Igreja.

O autor assinala mais de uma vez que o clericalismo-paternalismo não é monopólio unicamente dos clérigos, embora estes sejam particularmente visados. Trata-se de uma tentação, de uma deformação, de um pecado que nos insidia a todos indistintamente, seja lá o que formos: bispo, padre, leigo ou consagrado, homem ou mulher.

O apelo a abandonar o clericalismo é, portanto, dirigido a todos nós. É um apelo a um aprofundamento, a uma conversão mais decisiva. Está em jogo nada menos do que nossa concepção de Deus, nossa relação com Deus, nossa fé em um Deus-Trindade de Pessoas, em um Deus de relações.

Um dos aspectos mais impressionantes neste livro é sua constante referência ao mistério trinitário. É este que determina tudo, que organiza tudo, que irriga tudo.

Trata-se, portanto, em primeiro lugar, de redescobrir o Pai, sua paternidade única, sua paternidade transcendente, que é dom, desapropriação de si, comunicação ao Filho, único também ele, único Filho, único Pai, único Servidor, no Espírito de amor, de unidade, de comunhão.

Como receber essa graça da redescoberta da Pessoa do Pai, a não ser mergulhando em profundidade no Filho: "Ninguém conhece o Pai, senão o Filho e aquele a quem o Filho o quiser revelar" (Mt 11,27, citado diversas vezes por Michel Aupetit)?

Quanto mais nos tornamos filhos no Filho único, mais aprenderemos a ser pais. Por conseguinte, o padre terá de penetrar sempre mais no esvaziamento do Filho perante o Pai, na transparência do Filho; ele terá de segui-lo um pouco mais em sua *kénosis* (Fl 2,7, citada diversas vezes), vivendo seu ministério como puro serviço e tomando ao pé da letra o *in persona Christi capitis*: "Eu não sou o Cristo (cf. Jo 1,20), eu sou somente seu representante".

A obra que apresentamos é muito concreta. O autor apela à própria experiência, mas também nos convida a modificar, a converter, transformar a nossa. A vida trinitária de que falamos não é um modelo exterior, é a vida diária da Igreja, a vida que vivemos rotineiramente. A vocação da Igreja consiste em "exprimir" sacramentalmente neste mundo a vida íntima da Santíssima Trindade. A nós cabe viver as relações trinitárias no conjunto de nossas relações intraeclesiais, em particular entre nossos diferentes estados de vida (padres, leigos, consagrados).

Esse é um ponto nevrálgico. Um ponto em que as reflexões de Michel Aupetit são particularmente esclarecedoras.

Com efeito, o que constatamos? Na Igreja – incluindo os teólogos – habitualmente falamos dos problemas em termos binários, não em termos trinitários. Interrogamo-nos a respeito da polarização entre o sacerdócio ministerial e o sacerdócio comum, sem lançar luz sobre a transcendência absoluta da unicidade do sacerdócio de Cristo, terceiro termo mediador obrigatório da questão; contrapomos mulheres e homens em uma problemática de repartição dos poderes na Igreja, sem perguntarmos o bastante sobre a especificidade da vocação do ser feminino e do ser masculino no plano criador e redentor de Deus; falamos da complementaridade dos estados de vida, sem perceber suficientemente que essa "complementaridade" continua abstrata, mais no plano das essências do que da existência (nas relações concretas das pessoas, na vida diária). Critica-se muito hoje – e com razão – o "fechamento em si mesmo" dos padres, no entanto, não há também um fechamento dos religiosos e dos leigos?

Já o dissemos há pouco: é somente, juntos, no concreto de nossas relações, que sairemos do clericalismo, da exclusão prática dos "outros".

Michel Aupetit propõe-nos precisamente valorizar mais o que temos em comum do que nos fixar no que nos distingue, o que nos leva a falar da amizade entre pessoas de diferentes estados de via. Ele convida-nos a valorizarmos nossa vocação fundamental, nosso batismo, que não faz irmãos e irmãs e potencialmente amigos. O que significa abandonar os dualismos que separam, para reencontrar nossa vocação trinitária: batizados, todos somos sacerdotes profetas e reis – três funções postas em evidência pelo concílio Vaticano II (*Lumen Gentium*, capítulos IV e V principalmente).

Seja-nos permitido aqui citar uma passagem um pouco longa da obra que se vai ler:

> "Cada batizado recebe a unção que o faz sacerdote, profeta e rei em Jesus Cristo. Pelo chamado de Deus à vocação própria de cada um, o estado de vida exprime mais particularmente uma ou outra missão de Cristo.

> O ministro ordenado é mais diretamente configurado a Cristo sacerdote, enquanto ele torna presente seu único sacrifício e o dom divino; as pessoas consagradas, por sua vida, manifestam mais particularmente o profetismo do Reino que há de vir; por fim, o povo dos batizados, por sua vida, deve significar na sociedade o Reino de Deus já presente".

Como se vê, as vocações particulares não são esquecidas, mas elas são situadas de forma nova no contexto da vocação comum de sacerdote, profeta e rei.

Não podemos ficar no plano das ideias, por mais adequadas que elas sejam teologicamente. O aprofundamento de nossa vocação comum de batizados apela a uma fraternidade renovada entre aqueles que traduzem mais especificamente um dos aspectos.

O *kairós* crítico que vivemos atualmente na Igreja é um apelo de Deus dirigido a todos para sairmos de nosso "fechamento". Repitamos: é permanecendo juntos que haveremos de triunfar da crise atual. Um diálogo vivido, existencial, amigo, entre padres, leigos e consagrados/as é, sem dúvida, o caminho para sair da crise. É exigente e difícil: talvez nada seja mais difícil do que abandonar certos hábitos e criar novos. Isto será possível por meio de um aprofundamento de nossa vida teologal e espiritual. Trata-se de abandonar posições dualistas e frontais, para abrir-nos a uma caridade que seja verdadeira imagem de nosso Deus, uma caridade trinitária. O Deus que nos anima é único e plural, Um e Três, Pai, Filho e Espírito de unidade.

Jean-Marie Hennaux, s.j.

INTRODUÇÃO

Os recentes escândalos que atingiram a Igreja por causa de abusos do poder e da pedofilia, bem como a repetida denúncia de clericalismo pelo papa Francisco, obrigam a conceber de outra forma o lugar do sacerdócio ministerial nas estruturas de ação eclesial e sua relação com os fiéis batizados.

A figura do padre, cuja ordenação diaconal recorda que antes do mais é um servidor à imagem de seu Mestre vindo para servir e não para ser servido, ao longo dos séculos assumiu uma posição particular. Esta, às vezes inconscientemente, conduz a deixar-se enquadrar na imagem que se tem dele. A desvalorização e a dessacralização do padre na sociedade ocidental acabam por levá-lo a buscar as honras e as lisonjas, os títulos de "Monsenhor", de "querido padre", "senhor padre", as posturas e as exposições televisivas, quando não a apresentação de si mesmo em vídeos em que ele acaba assumindo o lugar da Palavra que tenta transmitir. Cava-se nele, então, um vazio que o faz entrar no turbilhão da necessidade de reconhecimento.

Um dos riscos para o padre é o de querer corresponder às expectativas das pessoas e desempenhar o papel de um personagem, de uma função, em vez de ser ele mesmo, quer dizer, de uma pessoa querida por si mesma, doada a si mesma, para por sua vez se doar aos outros. Um personagem é observado de longe, como no teatro, ao passo que com uma pessoa entra-se em relação. A encarnação do Filho mostra-nos como Deus entrou em relação com a humanidade ao fazer-se próximo, na humildade, como lembra São Paulo: "Jesus, existindo em forma divina, não considerou um privilégio ser igual a Deus, mas esvaziou-se, assumindo a forma de servo" (Fl 2,6-7).

Uma questão particular é levantada quanto à representação de Cristo tal como o padre a manifesta. Diz-se, às vezes, que ele é um *alter Christus,* um outro Cristo, o que é abusivo e lhe confere um lugar que não é o seu em relação aos fiéis, se isso foi compreendido como *ipse Christus*, quer dizer, como o próprio Cristo. O padre é configurado ao Cristo servidor pelo diaconato, ao Cristo sacerdote pela ordenação sacerdotal, ao Cristo bom pastor quando ordenado bispo. Essa configuração não é uma substituição. Ela implica que o padre é conformado à pessoa de Cristo mediante a oferenda de si mesmo e do ato de servir ao povo que lhe é confiado, que lhe revela a fraternidade batismal à qual ele pertence e pela qual ele se reconhece filho no Filho. O padre não substitui Cristo, ele só o representa, sem tomar seu lugar.

Uma compreensão negativa dessa representação pode levar a uma sacralização não adequada de sua pessoa, que o coloca em uma posição de superioridade em relação ao fiel batizado, do qual ele deve cuidar. Isso corre o grave risco de provocar abusos de poder. O P. Jean-Maria Hennaux, s.j., recorda o liame profundo entre o sacerdócio ministerial dos padres e o sacerdócio comum dos batizados que manifesta o único sacerdócio de Cristo:

> "Uma das missões essenciais do sacerdócio ministerial consiste em reconhecer, suscitar e promover o sacerdócio de todos. Se não se faz isto, nos padres acontece uma apropriação indevida do sacerdócio".[1]

Se é verdade que, em certas circunstâncias Cristo se apodera da pessoa do padre para perdoar os pecados ou para celebrar a Santa Ceia "*in persona Christi capitis*", não é para lhe permitir unir-se mais ainda a Jesus, Filho de Deus e Filho do Homem, no qual ele participa da Vida divina a fim de testemunhá-la e transmiti-la? O caráter sagrado conferido pela ordenação é real quando se refere ao Senhor Jesus e somente a ele.

Quando se chama o padre de "pai" não é por causa de sua configuração a Cristo, único sumo sacerdote (Hb 7,26-27), mas por causa da geração para a vida eterna que o Pai realiza por meio da salvação operada pelo Filho no Espírito Santo em favor de todos os que acolhem essa graça.

Isso não faz do padre um Cristo por substituição. Ele representa Cristo, mas não o substitui. Em contrapartida, diante dos ataques atuais ao sacerdócio ministerial, é bom recordar o que Concílio Vaticano II explicita na Constituição *Presbyterorum Ordinis:*

> "O ofício dos presbíteros, por estar ligado à ordem episcopal, participa da autoridade com que o próprio

[1] Jean-Marie HENNAUX, s.j., Le sacerdoce humain et divin, masculin et féminin, CLD éditions, Paris, 2018.

> Cristo constrói, santifica e rege seu Corpo. Por isso, o sacerdócio dos presbíteros, supondo embora os sacramentos da iniciação cristã, todavia é conferido por aquele sacramento peculiar mediante o qual os presbíteros, pela unção do Espírito Santo, são assinalados com um caráter especial e assim configurados com Cristo Sacerdote, de forma a poderem agir na pessoa de Cristo Cabeça".[2]

Depois de recordar esses princípios fundamentais sobre o sacerdócio, penso que é importante refletir, de modo particular, sobre o que significa a paternidade do padre. É mesmo assim que ele é designado habitualmente, fazendo referência à única paternidade de Deus: "padre", "abade" [pai]. No entanto Cristo é claro: "Não chameis a ninguém na terra de 'pai', pois um só é vosso Pai, aquele que está nos céus" (Mt 23,9). Jesus recorda, assim, a atitude apropriada do discípulo: "O maior dentre vós deve ser aquele que vos serve. Quem se exaltar será humilhado e quem se humilhar será exaltado" (Mt 23,11-12).

O que Cristo afirmou em particular é que só existe uma paternidade, a de Deus, seu Pai. Essa paternidade divina deriva da eterna geração pela qual o Filho provém do Pai, que é Pai somente enquanto gera o Filho no Espírito. O Espírito Santo é uma pessoa divina. Ele é amor e esse amor é a própria essência de Deus. Deus em si é "não gerado", quer dizer, não recebe sua existência de outro, mas unicamente de si mesmo. Único, não, porém, solitário, ele é constituído por aquela relação de amor fundamental das três pessoas, na qual se realiza

[2] Decreto sobre o ministério e a vida dos presbíteros *Presbyterorum Ordinis*, n. 2.

a paternidade divina pela geração do Filho, que provém do Pai pelo Espírito. O Filho é também a Palavra criadora de Deus pela qual tudo foi criado: "Pois é nele que foram criadas todas as coisas, no céu e na terra, os seres visíveis e invisíveis" (Cl 1,16).

Em primeiro lugar, para nós, Deus é o Pai Criador. Criar quer dizer fazer vir à existência um outro diferente de si mesmo. O Pai cria pelo Filho no Espírito. Ao passo que gerar é fazer vir à existência um outro igual a si mesmo. Nesse caso, só pode tratar-se do Pai do Filho eterno. Este, em sua Encarnação, pela qual assume totalmente a condição humana enquanto Deus, permite à humanidade fazer parte da filiação divina. Esta assume um aspecto concreto e efetivo no momento de nosso batismo, pelo qual cada um de nós se torna filho ou filha de Deus em Cristo ao receber o Espírito Santo. "Deus nos escolheu em Cristo antes da fundação do mundo, para sermos santos e íntegros diante dele, no amor. Conforme o desígnio benevolente de sua vontade, ele nos predestinou à adoção como filhos, por obra de Jesus Cristo" (Ef 1,4-5). "Vede que grande amor o Pai nos deu: sermos chamados filho de Deus! E nós o somos!" (1Jo 3,1). Essa adoção filial é o coração de toda vocação humana.

O SURGIMENTO DA PATERNIDADE

Se a paternidade divina é o referencial absoluto de toda paternidade, pode ser útil conhecer a maneira como o conceito de paternidade emergiu nas sociedades humanas. Em primeiro lugar, observa-se que as civilizações primitivas, desde o Paleolítico, eram fascinadas pela maternidade e por certa forma de divinização da sexualidade, como se pode constatar com as Vênus arcaicas que representam mulheres com as formas sexuais particularmente pronunciadas e quase sempre grávidas. É o caso da célebre Vênus de Willendorf e das centenas de exemplares que existem dessa imagem.

Essas sociedades primitivas instauraram um sistema matriarcal e matrilinear, quer dizer, uma genealogia de ordem maternal. Esse sistema matriarcal, no qual as mulheres exercem o poder, compõe-se de "famílias ampliadas, de 40 a 60 pessoas, em que se vive a poliandria simultânea ou sucessiva",[3] a partir de "esposos" diferentes. Nessas civilizações tribais, os filhos só têm um genitor, a mãe, com a qual mantém uma relação muito fusional, às vezes até fonte de violência. A fim de atenuar essa violência entre os irmãos, com frequência a autoridade era confiada ao tio materno. Essa forma particular de organização familiar deixou traços em nossa linguagem,

[3] Michel ROUCHE, *Petite histoire du couple e de la sexualité*, CDL éditions, Tours, 2008.

pois a palavra latina *avunculus*, que deu origem à palavra francesa "*oncle*", designa o tio materno, que também é chamado "o pequeno avô".

Nessas sociedades, em que vigora particularmente a luta contra a morte e em função da sobrevivência, nota--se que a paternidade não existe tal como nós a concebemos. Nesses sistemas sempre subsistirá uma dúvida quanto à paternidade legítima dos filhos. A mulher é a mãe do herdeiro e, na ordem de sucessão, o segundo filho e os seguintes. Isso permite contar sempre com um chefe guerreiro, caso o mais velho dos filhos venha a morrer. Essa forma de sucessão, que encontramos na Irlanda sob o nome de *tanistry,* existe também na lei dos Francos sálios. Mais tarde, em uma sociedade que, nesse ínterim, se tornou cristã, é ainda com base nesse direito que os filhos de Clóvis, em particular Clotário, se apoiarão para justificar o assassinato de seus sobrinhos, filhos de seu irmão mais velho Clodomiro, para grande desespero de sua mãe, Santa Clotilde.

Sem dúvida, é ao sair do Neolítico, quando os povos se tornam sedentários e surgem as primeiras cidades, que a vontade de dominar a violência intrínseca às sociedades primitivas leva a construir um sistema patriarcal no qual o adultério e o incesto se tornam práticas proibidas, a fim de garantir a legitimidade do pai. Com efeito, se o pai pode estar seguro da legitimidade dos filhos nascidos de sua esposa, os filhos, por sua vez, podem estar seguros de sua dupla origem paterna e materna, e assim ter dois genitores, não somente um, como no sistema matriarcal anterior. A passagem do matriarcado para o patriarcado foi muito demorada. A fundação das cidades e a criação de um direito escrito irão modificar a percepção da parentalidade, como se pode constatar com as leis de Gortina para os Gregos, a lei das Doze Tábuas para os Romanos e os Dez Mandamentos para Israel.

Na antiga sociedade israelita de tipo patriarcal, o pai de família gozava de uma autoridade absoluta. Mas a partir do século VIII antes de Jesus Cristo, definem-se limites para essa autoridade. O pai e a mãe eram conjuntamente responsáveis pela educação dos filhos: "Aceita, filho, a disciplina de teu pai, e não desprezes a instrução de tua mãe" (Pr 1,8). – "Honra teu pai e tua mãe, para que se prolonguem teus dias na terra que o Senhor teu Deus te dará" (Ex 20,12) – é o único mandamento ligado a uma promessa. Ele situa ambos os genitores no contexto de um respeito filial idêntico.

É então que a paternidade, tal como nós concebemos, vai se desenvolver, com a grave consequência de reduzir a mulher a um estatuto de segunda ordem nas novas sociedades patriarcais que vão surgindo. A instauração do patriarcado se realiza pela instauração de um casamento regulamentado e estipulado em contrato. Pouco a pouco os poderes ligados à mãe serão açambarcados pelo pai, que possuirá até o poder de vida e morte sobre seus filhos. Mais tarde, por exemplo, na civilização romana pagã, o pai, no momento do parto, tanto podia tomar a criança em seus braços e assim reconhecê-la, quanto deixá-la no chão. Era o que se chamava *exposição*. Nesse caso, os escravos jogavam o bebê em uma lata de lixo, com o risco de ser devorado pelos cães ou pelos chacais.

Desde o começo, os cristãos se opuseram a semelhante barbárie. Na *Didaqué* encontramos: "Não matarás uma criança pelo aborto, nem a farás morrer após seu nascimento".[4] A carta de Barnabé, a carta a Diogneto e Tertuliano dizem a mesma coisa. O autor do *Pastor de Hermas,* texto escrito em torno do ano 100 depois de Cristo, ele mesmo foi uma criança encontrada pelos cristãos e salva por eles da "exposição".

A sociedade romana pagã instituiu um casamento regido por um princípio: o consentimento é que faz as núpcias. Nesse tipo de contrato não há lugar para o amor dos esposos. É um casamento essencialmente orientado para a procriação. Para evitar dúvidas quanto à paternidade que poderiam levar ao adultério feminino, o único que os Romanos condenavam, elaboravam um princípio jurídico: *pater id est quam nuptiae demonstrant* [é o casamento que define o pai].

Diante dessa realidade, a Igreja terá sérias dificuldades para fazer compreender suas palavras a respeito do amor conjugal. Referindo-se ao amor de Deus, a Igreja ensina que entre os esposos deve prevalecer o amor de doação e de afeição (*agape* em grego). O papa Inocêncio I (401-417), por volta do ano 400, baseando-se no livro do Gênesis, em que o homem e a mulher são criados à imagem de Deus em uma relação de amor recíproco fundado sobre o dom total da pessoa, falará de amor de preferência, de amor de caridade. Santo Agostinho (354-430), quando escreveu sua célebre frase "ama e faze o que quiseres", usa o verbo *diligere,* que significa o amor

---

[4] *Didaqué*, V, 2 SC 248, p. 169.

de preferência próprio dos cristãos, e não o verbo *amare*, que teria podido evocar um amor possessivo: "*Dilige et quod vis fac*".[5]

No cristianismo, paternidade e maternidade são equivalentes, embora distintas em sua realidade. Esse modelo cristão do casamento fundado sobre o amor terá muita dificuldade de se impor. Essa doutrina, no entanto, continua a ser pregada, como o demonstra, ainda hoje, a exortação apostólica do papa Francisco sobre a família, *Amoris Laetitia*:

> "O casamento, como instituição social, é proteção e instrumento para o compromisso mútuo, para o amadurecimento do amor, para que a opção pelo outro cresça em solidez, concretização e profundidade, e possa, por sua vez, cumprir sua missão na sociedade".[6]

Assim, a paternidade acabou se impondo na instauração do regime patriarcal, mas é bom compreender que na sociedade cristã, em seus inícios, o poder conferido ao pai não é exclusivo e vinculativo. A paternidade pode tornar-se um lugar de poder só onde a autoridade se torna coercitiva. Todavia, desde o século V, o papa Gelásio distingue o *poder* dos reis e a *autoridade* dos pontífices. Um pouco mais tarde, o papa Gregório Magno fornece o sentido cristão específico da autoridade, que consiste em fazer crescer o bem nos outros. É assim que se compreende a paternidade efetiva de um pai segundo a carne e a de um pontífice religioso que responde pela cura de almas.

---

[5] SANTO AGOSTINHO, *Iohannis Epistula ad Parthos tractatus decem*, tratado VII, 8.

[6] Papa FRANCISCO, Exortação Apostólica *Amoris Laetitia*, n. 131, 2016.

O CONCEITO DE DEUS COMO PAI DO POVO DE ISRAEL

Se a palavra hebraica *"av"* designa o pai, pode ser estendida também ao ancestral da tribo, como demonstra o exemplo de Abraão. Se na Bíblia encontramos genealogias de predominância patrilinear, para nossa surpresa também constatamos a menção de várias mulheres, muitas vezes esposas estrangeiras ou mesmo ilegítimas que, gerando filhos, vão edificar algo novo, manifestando assim o plano imprevisível de Deus.

Esse, nos inícios, é designado como o "Deus dos pais". Essa paternidade é sempre fundada sobre a aliança com Deus, como se deu com Abraão: "De minha parte, esta é minha aliança contigo: serás pai de uma multidão de nações" (Gn 17,4). Mas, a partir do século VIII, indica-se claramente também o estatuto filial do povo: "Quando Israel era um menino, eu o amei e do Egito chamei meu filho" (Os 11,1).

O Deus dos pais era anônimo ou chamado com o nome genérico de *Eloim*, que é estranhamente um plural, designando, todavia, um Deus único. Ele revelar-se-à a Moisés sob o nome de "*Eu sou*", *Javé* (Ex 3,14-15), tornando-se assim um Deus pessoal que se relaciona. Essa paternidade divina (Deus dos pais, Abraão, Isaque e Jacó) está intimamente ligada à eleição de Israel, fundada sobre o amor de Deus para com seu filho adotivo:

"Assim diz o Senhor: Israel é meu filho, meu primogênito" (Ex 4,22). É a aliança entre Deus e seu povo que caracteriza essa adoção filial.

Pouco a pouco, a paternidade divina envolve uma relação mais personalizada entre Deus e o justo. Esse, que reza, pode dizer "ó Pai" e dirigir-se a ele mais intimamente. Essa intimidade atingirá o ponto mais alto com Jesus, o Filho único, quando ele se dirige ao Pai chamando-o de "*Abá*", que corresponde a nosso "Papai". Absolutamente ninguém tinha ousado dirigir-se a Deus com tanta familiaridade. Isso mostra que Jesus está em comunhão com seu Pai em uma convivência muito particular. É o que ele manifesta quando dá a entender a seus discípulos a distinção entre "meu Pai" e "vosso Pai" (Mt 7,21; Lc 12,32) em seus ensinamentos. Essa distinção explicita-se igualmente e articula-se plenamente após sua Ressurreição, quando ele se dirige a Maria Madalena para que ela anuncie esta mensagem aos discípulos: "Vai dizer a meus irmãos que eu subo para junto de meu Pai e vosso Pai, meu Deus e vosso Deus" (Jo 20,17).

Cristo revelará que essa paternidade divina não pode ser estabelecida por ele: "Tudo me foi entregue por meu Pai, ninguém conhece o Filho, senão o Pai, e ninguém conhece o Pai, senão o Filho e aquele a quem o Filho o quiser revelar" (Mt 11,27).

É precisamente ali que se encontra a fonte da vida verdadeira. Deus, que é único, não é solitário, como já observamos. Não gerado por natureza, Deus possui em si mesmo uma comunhão de amor donde jorra a vida pela geração do Filho pelo Pai, no amor que é o Espírito

Santo: "Como o Pai possui a vida em si mesmo, do mesmo modo deu ao Filho possuir a vida em si mesmo" (Jo 5,26).

Por sua vez, é precisamente Jesus, o Filho único do Pai que, fazendo-se nosso irmão, permite-nos ter acesso à filiação divina pelo batismo e pelo dom do Espírito, a fim de que essa adoção filial aconteça. Além da afirmação de São João já citada (Jo 1,12), São Paulo a reafirma de forma totalmente explícita, bendizendo a Deus Pai que nos predestinou: "à adoção como filhos, por obra de Jesus Cristo" (Ef 1,5).

Parece-nos que é a partir desse ponto que a paternidade dos padres deve ser compreendida. Como Jesus Cristo, eles existem para revelar a única paternidade de Deus, fonte de toda geração para a vida e para a única filiação divina em Jesus Cristo, donde toda adoção filial procede. O padre, configurado a Cristo por sua ordenação, deve dar a conhecer Deus Pai, permanecendo ele mesmo totalmente unido a Jesus, que, "assumindo a forma de servo, e tornando-se semelhante ao ser humano... humilhou-se, fazendo-se obediente até a morte – e morte de cruz!" (Fl 2,7-8). Portanto, é ao se humilhar, à imagem de seu Senhor, que o padre pode cumprir com perfeição sua missão de revelador da paternidade de Deus em Jesus Cristo.

COMO É A PATERNIDADE DE DEUS?

Seria errôneo projetar nossa experiência da paternidade humana sobre a de Deus. São os homens que devem tornar-se pais à maneira de Deus.

Como consequência, não se trata, portanto, de compreender a paternidade como uma expressão particular da masculinidade. Já no profeta Isaías, Deus era apresentado como tendo as entranhas de uma mãe. Para fazer compreender que o amor de Deus, que não se manifesta unicamente sob a forma masculina de um sentimento, é preciso referir-se à imensidão do amor divino que envolve também a expressão feminina dos sentimentos maternais: "Como a mãe que consola um filho, assim eu vos consolarei" (Is 66,13). Mais importante ainda do que o amor de uma mãe é a fidelidade de Deus:

> "Pode uma mulher esquecer-se de seu filhinho, a ponto de não se compadecer do filho de suas entranhas? Mesmo que ela se esquecesse, eu, contudo, não me esquecerei de ti!" (Is 49,15).

Esse amor divino ultrapassa o amor natural dos pais: "Embora meu pai e minha mãe me tenham abandonado, o Senhor, porém, me acolheu" (Sl 27,10). Igualmente nos profetas, essa ternura divina do pai e da mãe é muito evidenciada:

> “Eu conduzia Efraim, eu os tomava em meus braços! E não reconheceram que eu cuidava deles. Com laços humanos eu os atraía, com laços de amor, e era para eles como quem ergue uma criança à altura do rosto. Eu me inclinava para ele, eu o alimentava” (Os 11,3-4).

E quando Deus fala de seu povo que se afastou dele:

> “Não é Efraim meu filho querido? Não é ele o filho da minha afeição? Quanto mais dele falo, com mais saudades me lembro dele! Por ele minhas entranhas se comovem, íntima compaixão lhes mostrarei!” (Jr 31,20).

O amor de Deus, traduzido pela palavra *hesed,* significa ao mesmo tempo esse amor infinito e a fidelidade sem falhas desse amor. Mas há uma noção muito importante que convém também integrar: a misericórdia. Se a palavra vem do latim *misericordia,* ou seja, aquele cujo coração reage diante da miséria alheia, a noção bíblica de misericórdia é muito mais vasta e só pode ser traduzida por dois termos hebraicos diferentes: *hesed,* que citamos há pouco, e *rahamin,* um plural que se refere às entranhas que, para um semita, são a sede de todos os sentimentos. *Rehem,* na origem desse plural, significa o útero da mulher, a fonte donde brota a vida.

Antes de tudo, é Deus que possui entranhas de misericórdia que fremem ao pensar na humanidade:

> “Olha com atenção lá do céu e vê, de tua morada santa e gloriosa! Onde estão teu zelo e tua força? O frêmito de tuas entranhas e tuas misericórdias para comigo arrefeceram? Com efeito, tu és nosso Pai” (Is 63,15).

Vê-se que essa paternidade de Deus não se esgota no que nós chamamos habitualmente de sentimento paternal. O amor de Deus pode exprimir-se em termos masculinos e femininos, e é, sem dúvida, juntos, que o homem e a mulher podem traduzir a paternidade divina.

No Novo Testamento, Jesus, presente como "sumo sacerdote misericordioso" conforme a carta aos Hebreus (2,17), por suas palavras e suas ações irá revelar a imensidão da misericórdia divina. Por sua atenção aos mais pobres, aos enfermos, aos estrangeiros e a todos que habitualmente são descartados, Jesus vai mostrar a infinita dignidade que o amor de Deus confere a cada um, particularmente se ele for desprezado pelos homens: "Até mesmo os cabelos de vossa cabeça estão todos contados" (Lc 12,7).

Aliás, suas parábolas sobre a misericórdia são numerosas – das quais as mais célebres são a parábola do filho pródigo (Lc 15,11-32) e a do Bom Samaritano (Lc 10,29-37).

Jesus, porém, não veio somente para revelar-nos a misericórdia de Deus e até onde podia chegar seu amor ao dar sua vida no alto da cruz; por acréscimo, ele nos comunica, pelo Espírito Santo, a graça de exercer esta misericórdia: "Sede misericordiosos como vosso Pai é misericordioso" (Lc 6,36).

Porque o grande mandamento que ele nos deixa antes de sua Paixão é o que diz: "Amai-vos uns aos outros, como eu vos amei" (Jo 15,12). Trata-se de acolher um amor maior, sobrenatural, pois se trata do amor do próprio Deus. Somente o dom do Espírito Santo pode permitir-nos vivê-lo concretamente.

Sem dúvida, isso se refere a todos os batizados, sem exceção, mas não seria possível compreender que essa misericórdia não seja particularmente exercida por aqueles que Cristo chama a se associarem de modo particular a seu sacerdócio.

O CLERICALISMO

O clericalismo é uma perversão da missão que o discípulo deve cumprir no seguimento do Senhor. É o que ocorre quando o padre ou o leigo reduzem o ministério a uma função definida a partir da imagem que a pessoa elabora para si mesma. É clerical quem identifica a missão recebida com uma função identitária, com o risco de transformá-la em um lugar de poder e não de humilde serviço à imagem de Jesus Cristo.

É assim que podem ser vistos padres e, às vezes, leigos, a quem foram confiadas responsabilidades, identificarem-se com a função que recebem. No entanto, antes de tudo, trata-se de uma missão. Isso significa que eles são chamados e enviados pelo próprio Senhor: "Como o Pai me enviou, eu também vos envio" (Jo 20,21).

Uma missão não é uma função com que podemos nos identificar e, assim, passar de um serviço, que consiste em fazer aumentar o bem nos outros, a uma tomada de posse de um poder que esmaga e que desvaloriza as pessoas das quais deveríamos cuidar, como fez Jesus, o bom pastor.

O perigo que surge claramente consiste em apropriar-se da missão recebida e fazer parte de um jogo de funções, tornando-se um "personagem" que mascara seu ser profundo, que o torna semelhante a Cristo. A relação é falsificada porque, para ser autêntica, deve estabelecer-se no encontro de duas pessoas e não em uma relação de subordinação. Essa "encenação" pode favorecer a compensação de uma frustração sem relação com a missão e satisfazer uma necessidade de reconhecimento inadequado.

O P. Jean-Marie Hennaux permite-nos compreender melhor como é compreendida no seio da Igreja a distinção entre vocação e função. Trata-se precisamente de distinguir entre o chamado pessoal de Deus e o chamado da Igreja, que autentifica o primeiro chamado, sem o qual a ordenação não é possível. Ele recorda dois pontos essenciais. O primeiro é que:

> "nos primeiros séculos, tinha-se uma consciência viva de que não era possível alguém apresentar-se a si mesmo para o sacerdócio. Só se podia ser chamado a isso pela Igreja".

E o segundo:

> "A designação do padre ou do bispo para o povo não era absolutamente considerada como excluindo um chamado direto de Deus. Pelo contrário, ela era como o sinal, o testemunho deste chamado, a prova de que a pessoa não se tinha escolhido a si mesma".[7]

É importante compreender, como disse Santa Joana d'Arc em seu processo, que "Cristo e a Igreja são um todo único". A função sacerdotal não é, antes de tudo, um cargo que confere direitos, mas um chamado conjunto de Cristo e de sua Igreja. P. Jean-Marie Hennaux especifica:

---

[7] J.-M. HENNAUX, s.j., *op. cit.* CLD éditions, Paris, 2018.

> "Jesus vive realmente e está presente em todo cristão, e *todo* cristão é presença e sinal de Cristo neste mundo, mas o padre significa que esta presença e este significado são especificamente *recebidos*. O padre significa sua fonte, crística, eucarística. O sacerdócio ministerial não representa absolutamente qualquer tipo de apropriação do sacerdócio. O padre ministerial "significa" o enraizamento do sacerdócio comum no sacerdócio de Cristo".[8]

O papa Francisco especifica seu pensamento sobre o clericalismo. Para ele, trata-se de atitudes de segregação ao considerar-se superior aos demais:

> "O clericalismo é uma aristocracia. Ela se traduz por atitudes que pretendem fazer crer que se está acima do resto do santo povo fiel de Deus. Onde há clericalismo, o povo de Deus não está lá; no entanto é ele que te confere o lugar que ocupas".[9]

Existe até uma visão de Igreja que falsifica a relação entre os padres e os leigos e favorece esse clericalismo. O P. Yves Congar, o.p., definiu-a assim:

> "Implícita e inadvertidamente, até mesmo, inconscientemente, nós temos a ideia de que a Igreja é feita de clérigos e de que os fiéis são somente beneficiários ou clientela".[10]

Essa concepção evidentemente é errônea em relação aos inícios da Igreja fundados sobre o Evangelho daquele que lavou os pés de seus discípulos.

---

[8] *Ibid.*

[9] Pape FRANÇOIS, *La force de la vocation*, éditions des Béatitudes Nouan-le-Fuzelier, 2018.

[10] Yves CONGAR, o.p., *Pour une Église servente et pauvre*, éditions du Cerf, Paris, 2014.

É interessante saber como o P. Yves Congar mostrou a evolução da relação entre os clérigos e os leigos. Até Constantino, a autoridade na Igreja era exercida por bispos. Ela manifestava sua profundidade espiritual e o reconhecimento dela pela comunidade dos batizados que formava a Igreja. Como dizia São Cipriano de Cartago (200-258): "A Igreja é o povo unido a seu pontífice, o rebanho junto com seu pastor". Conhece-se também a célebre frase de Santo Agostinho (354-430), que reencontraremos mais adiante: "Para vós eu sou bispo, convosco eu sou cristão".

O P. Congar esclarece que: "Todo povo eclesial, de modo especial os leigos, intervinham na eleição dos bispos e na designação dos ministros".[11]

Isso é constatado verdadeiramente com a formulação de São Leão Magno no século V: "Aquele que deve ser posto à frente de todos, deve ser escolhido por todos", e com a afirmação do papa Celestino I (422-432): "Não se imponha nenhum bispo contra a vontade do povo".

Essa "democracia" antecipada não é mais seguida atualmente, com exceção de algumas consultas, muito raras, de leigos que desempenham encargos pastorais. É preciso reconhecer que o povo de Deus atualmente é muito pouco consultado. Tecnicamente falando, seria isso viável?

Após a reforma constantiniana até a reforma do papa Gregório VII (1073-1085) no século XI, o clero é beneficiado com importantes privilégios e os bispos são praticamente equiparados aos senadores romanos, sendo credenciados com uma autoridade pública, inclusive no domínio da vida

---

[11] *Ibid.*

secular das cidades. Tudo isso levou a excessos. Surgiu então outra forma de autoridade que é a do homem de Deus que se apropria em função de si mesmo da autoridade do Espírito Santo. Todavia é preciso dizer que, apesar de tudo, muitos bispos foram monges ou homens formados em um contexto religioso e que perseveraram nesse gênero de vida ascética. Foi o caso de São Basílio (329-379), São João Crisóstomo (+- 345-407), São Martinho (316-397), São Germano de Auxerre (v. 380-448), São Patrício (+- 386-461), São Cesário de Arles (470-542), Santo Isidoro de Sevilha (560 a 570-636) e do papa são Gregório Magno (+- 540/590-604). A respeito deste último, o P. Congar observa:

> "Ele exercia a autoridade como um pai supremo e universal, mesclando a ternura de uma mãe com a autoridade de um pai".

Com a reforma de Gregório VII (+- 1015/1073-1085), desenvolve-se o aspecto jurídico da autoridade com base no direito da Igreja, chamado direito canônico. Essa situação originou-se no conflito entre o poder espiritual e o poder temporal, ilustrado pela famosa querela das Investiduras entre o Papa e o imperador germânico Henrique IV, que terminou com o célebre episódio de Canossa. Mas a reforma não se referia somente à autoridade da Igreja e ao reforço do direito pontifício face ao direito secular. Ela também se referia à reforma do clero, por causa da grande simonia que existia dentro dele – isto é, abuso do dinheiro dos bens da Igreja e do nicolaísmo, isto é, do casamento ou concubinato dos padres, que buscavam enriquecer-se para criar um fundo em favor de seus descendentes, privando a Igreja dos meios materiais necessários para o cumprimento de sua missão. Tudo isso marcará por longo tempo a vida da Igreja e reforçará a concepção jurídica da autoridade.

> [Esta] "permitiu o desenvolvimento de uma concepção do padre como 'regente' de sua paróquia, tendo em mãos o *regimen*, pondo o ato de *regere*; uma concepção do bispo e do papa como juízes; em particular, do papa que, sendo vigário de Cristo, é o soberano da Igreja, que é rainha em relação aos homens enquanto Esposa de Cristo que, por sua vez, é o dominador do mundo".[12]

Nessa época surgem as insígnias e os títulos tomados de empréstimo da corte imperial, como o termo "cúria" assumido pela administração papal.

Diante desse desenvolvimento da ostentação, sem dúvida, houve reações com São Bernardo de Claraval (1090-1153), que adverte seu antigo confrade que se tornou Papa sob o nome de Eugênio III (+- 1090/1145-1153):

> "Não te deixes oprimir pelas decisões que terás de tomar a respeito de todo tipo de causas exteriores e seculares; não posso compreender que te ocupes somente de julgamentos e de leis; tudo isto, mais as pretensões de prestígio ou de riqueza, vem de Constantino, não de Pedro".

Essa sobrecarga, e disto eu sou testemunha, é muito comum para os bispos e algumas vezes mesmo para os padres.

Outros também, como São Boaventura (1217-1274) no século XIII – foi ministro geral dos Frades Menores

---

[12] *Ibid.*

–, lembraram o humilde serviço próprio da hierarquia, estimulado pelo Evangelho.

É preciso constatar também que a partir do Concílio de Trento e da contrarreforma católica, surgiu um novo clero, muito mais formado, que redescobre o liame entre o encargo recebido e a santidade pessoal de vida, em particular no que tange à vida de oração, da liturgia, do estudo da Escritura e de uma pregação baseada de modo particular na Palavra de Deus. Podemos constatá-lo especialmente na França com a criação dos seminários responsáveis pelos futuros padres, com os Lazaristas de São Vicente dc Paulo, os Sulpicianos de Jean-Jacques Olier e a Congregação de Jesus e Maria de São João Eudes.

Esse empenho foi muito benéfico para formar padres espirituais e preparados no plano intelectual. Mas esse distanciamento fez correr o risco de uma forma de sacralização do padre, que, às vezes, levou a exagerar seu caráter sagrado ao separar-se da comunidade dos fiéis, isto é, da *ecclesia*. Nunca se pode perder de vista que o que é sagrado é dom do próprio Deus, em particular a filiação divina recebida no batismo.

COMO EVITAR O CLERICALISMO

Considerar Deus como verdadeiro Pai

Devemos partir do zero e rever a noção de paternidade, tomando como ponto de partida a paternidade divina, tal como a apresentamos há pouco. Vimos que a noção de paternidade em si não é uma realidade evidente nas sociedades humanas e que, para compreender a paternidade divina, isto é, a fonte de toda criação e de toda vida, não basta compreender o que é a paternidade humana. Se as primeiras representações humanas pré-históricas foram de mulheres grávidas, portadoras de vida, como a Vênus de Willendorf ou as das ilhas Cícladas, que traduziam o fascínio da humanidade por aquelas que, de forma evidente, eram portadoras da vida, encontramos indiretamente um traço também na Bíblia.

Quando, nos inícios, após ter-se separado de Deus pela falta original, o homem ainda não tinha dado nome a sua mulher, visto que ela tinha recebido seu nome (*ishá*) e sua identidade de Deus (Gn 2,23), Adão deu-lhe então o nome de Eva, por ser a mãe dos viventes. Dessa forma, ele exprime seu fascínio por aquela que é portadora da vida. Da mulher se diz que concebeu e deu à luz Caim; do homem se diz que "conheceu sua mulher", quer dizer, uniu-se sexualmente a ela. Ele, portanto, é genitor, mas ainda não se diz que é pai; a paternidade de Adão só iria aparecer nas genealogias.

É somente quando a figura paterna do homem acompanha a vida, permite seu crescimento e a integração em uma comunidade humana que a paternidade de Deus aparece. Deus, como fonte de vida, seria de preferência expressão da maternidade, ao passo que o acompanhamento atento de seu povo faz com que ele seja visto como seu pai.

Convém, porém, fazer o caminho inverso daquele que parece natural. Deus não é pai à maneira humana. É o homem que deve tornar-se pai à maneira de Deus. Do contrário, nossa visão de Deus vai depender de nossa experiência com nosso pai terreno. Se este tiver sido cuidadoso de nosso crescimento, se tiver desempenhado seu papel de proteção, facilmente também formaremos uma imagem positiva do Pai celeste. Se, pelo contrário, ele tiver sido rude, indiferente, ausente, ou se ele se serviu de nós para satisfazer as próprias frustrações, projetando a si mesmo em nossa existência, nós formaremos uma imagem deformada da paternidade de Deus.

É preciso partir dessa paternidade de Deus enquanto criador e protetor, cujo amor é incondicional. É importante reler a parábola chamada do filho pródigo em São Lucas para compreender seu sentido profundo (Lc 15,11-32). Esse relato começa com a seguinte frase: "Um homem tinha dois filhos". Na realidade, toda a parábola é construída para compreender que, mais exatamente, esses dois homens tinham um pai. E que pai! Um pai cujas entranhas de misericórdia acolhem como um príncipe o filho que o abandonou ao reivindicar sua herança, considerado já morto, e o outro, cuja fidelidade só é superficial, sem a inteligência do amor. Para conhecer esse Pai, só há um meio verdadeiro: acolher a mensagem de Jesus Cristo, seu Filho único:

> "Tudo me foi entregue por meu Pai, e ninguém conhece o Filho, senão o Pai, e ninguém conhece o Pai, senão o Filho e aquele a quem o Filho o quiser revelar" (Lc 10,22).

Precisamente antes da Paixão, quando Felipe pergunta a Jesus: "Mostra-nos o Pai, isso nos basta", Jesus lhe respondeu: "Há tanto tempo estou convosco, e não me conheces, Felipe? Quem me viu, viu o Pai" (Jo 14,8-9). Com efeito, Cristo revela o amor incomensurável do Pai cuja "medida de amar é amar sem medida", como diz Santo Agostinho.

O pai terreno deve tornar-se uma testemunha privilegiada do amor do Pai celeste. Um filho que vê seu pai rezar ou submisso ao amor do Pai dos céus terá uma imagem positiva da paternidade e ele mesmo saberá tornar-se pai à imagem de Deus. Vemos com muita frequência representações de Deus deformadas em razão de uma paternidade humana deficiente. É muito difícil então fazer-se uma ideia positiva de Deus.

Essa reconstrução será lenta, por exemplo, em um homem revoltado por causa das palavras de um padre que queria mostrar-lhe que Deus era Pai, quando seu próprio pai tinha matado sua mãe, sendo ele ainda menino. A cura exigiu muito tempo para que ele pudesse aceitar sua filiação a fim de, por sua vez, tornar-se pai, dado que hoje ele é padre. Eu vi também grandes dificuldades por parte dos que foram abandonados pelo próprio pai ou maltratados por ele, para chegar a uma relação harmoniosa com uma figura que representa a paternidade: por exemplo, um padre em relação a seu bispo, um filho espiritual a seu orientador, um aluno a seu professor.

Em um seu livro, o cantor Grégory Turpin partilha sua experiência dolorosa da paternidade terrestre, mas também sua feliz descoberta de nosso Pai do céu:

> "Eu creio que todos nós, desde o nascimento, sentimos dentro de nós um vazio terrível: o de conhecer esse Papai do céu. Conservamos este vazio dentro de nós, mesmo após nossa conversão, se não tivermos vivido a revelação e a graça do Pai. Acabamos ficando, então, o que podemos chamar de órfãos espirituais".[13]

O Senhor nos mostra o caminho: o da Encarnação. Assumindo a carne de uma mulher, Deus se fez homem para nos conceder a graça de descobrir a paternidade divina.

Homens e mulheres, ele os criou

A presença das mulheres nas instâncias de decisão e governo da Igreja, tão desejada por nosso papa Francisco, deve concretizar-se. "Homens e mulheres", a humanidade foi criada à imagem de Deus. Precisamos aprender a nos tornar homem e mulher para que essa imagem possa concretizar-se realmente. É, juntos, que

[13] Grégory TURPIN, *Ce que j'ai découvert sur le Père*, éditions Première Partie, Paris, 2021.

homens e mulheres devem aprender a única verdadeira paternidade, a de Deus que, ao doar-se totalmente, transmite o dom da vida.

É interessante observar como, na genealogia patriarcal da Bíblia, a mulher faz surgir o novo, que a sucessão masculina sozinha não poderia fazer emergir. Podemos notá-lo precisamente na genealogia de Jesus referida pelo Evangelho de São Mateus. Ele menciona quatro mulheres: Tamar (Gn 38), Raab (Js 2,11), Rute (Rt 1,16; 2,12) e Betsabeia (2Sm 11,3). Tamar é uma estrangeira que, por meio de um subterfúgio, uniu-se a seu sogro Judá, fazendo-se passar por uma prostituta, a fim de garantir sua descendência. Raab é a prostituta de Jericó que protegeu os enviados dos Hebreus e por isso foi poupada no momento da tomada da cidade. Rute é uma estrangeira que desposou um filho de Israel e que permaneceu fiel para servir sua sogra após a morte de seu marido; por fim, ela encontrou Boóz que, segundo a tradição judia, era seu Goel, o tutor de sua parente. Betsabeia, que estava casada com Urias, um estrangeiro Hitita, foi desejada pelo rei Davi, que dormiu com ela e depois organizou o assassinato de seu esposo; o filho, fruto desse adultério e desse crime, morreu; todavia, Salomão, que nasceu em seguida pela união de Davi e Betsabeia, é um dos ascendentes de Jesus.

A presença dessas mulheres na genealogia do Messias significa incontestavelmente a abertura da salvação à humanidade inteira pela participação dessas estrangeiras, e ao mesmo tempo a redenção universal trazida por Cristo, que transfigura o pecado dos homens. As mulheres, cujo papel principal é o de anunciar e acolher o Messias, como vemos com Maria Madalena, apóstola dos apóstolos, encontrarão na Virgem Maria a realização perfeita de sua vocação. Em Maria, Cristo se faz carne. Ela o acolhe e doa ao mundo. Sem essa aceitação da mulher, sem o sim de Maria, não há salvação: esta, se é realizada pelo Filho de Deus, só se verifica pela livre aceitação por parte da humanidade representada pela mulher, sinal da Igreja. É na cruz que isso se realiza em plenitude. De seu coração aberto, Jesus comunica a graça pelo escorrimento da água e do sangue, sinais do batismo e da eucaristia. De seu coração transpassado, Maria acolhe a graça para transmiti-la: "Eis aí tua mãe".

É precisamente a partir da figura do discípulo amado, São João, que o P. Jean-Marie Hennaux mostra como a união do homem e da mulher é a força motriz fundamental da história humana, porque Deus nela se torna presente. Ele escreve:

> "O ato sacerdotal realizado por Jesus na cruz é plenamente recebido, acolhido, feito próprio por Maria, que, enquanto "Mulher", está ao lado do único Esposo da Humanidade, como figura da Esposa, figura da Igreja, de modo que ela, com toda propriedade, pode ser qualificada como "o sacerdócio comum em pessoa", quer dizer, o sacerdócio que a Igreja inteira recebe de Cristo, no ato mesmo da salvação. É também de Jesus e de Maria, figura da Igreja, que João recebe seu sacerdócio, este sacerdócio que nós chamamos "sacerdócio ministerial" ou "hierárquico". Se ele não recebesse seu sacerdócio de Jesus e de Maria, correria o risco de apropriar-se indevidamente do sacerdócio e de se identificar pura e simplesmente com o único Sacerdote, sem que seja salvaguardada sua alteridade em relação a Ele".[14]

[14] Jean-Marie HENNAUX, s.j., *opt.cit.*

Essa alteridade radical que mostra a mulher dentro do contexto de uma sucessão genealógica puramente masculina evidencia a alteridade fundamental do homem com Deus, sem a qual o homem não pode tomar consciência de si próprio. Com efeito, o homem e a mulher, são a imagem de Deus, quer dizer que eles representam uma realidade que é fundamentalmente diferente:

> "Só há uma correlação homem-mulher vivenciada a partir de Deus: que a mulher é mulher e que o homem descobre nela um futuro, um caminho que o conduz ao seu Criador, para que ele se torne ainda mais homem".[15]

Em um conselho de seminário, em uma instância de governo e decisão, as mulheres contribuem com outro olhar, menos baseado no operacional ou na utilidade imediata, mas na realidade profunda da pessoa. É uma experiência que pudemos fazer na diocese de Paris. Acolher o dom questiona o outro, seu carisma: não é simples. Isso supõe que se passe continuamente do desejo de reconhecimento a uma atitude de ação de graças. Compreende-se então por que a missão partilhada pode ser um lugar de tensão e de endurecimentos. Esses são reveladores da necessária conversão ao dom do outro. Essa passagem do sentir-se dono de si mesmo ao serviço do outro protege contra todo clericalismo.

---

[15] Maire-Laetitia CALMEYN, *Les enfants de la Promesse*, Artège, Paris et Perpignan, 2022.

Da mesma forma, é importante que o homem, pelo fato de sua própria existência, possa fazer com que a mulher passe do instinto de posse à oblação, em particular quando comunica a vida. Temos um exemplo na pessoa de Eva no livro do Gênesis: "O homem conheceu Eva, sua mulher, e ela engravidou e deu à luz Caim, dizendo: 'Ganhei um filho homem, graças ao Senhor'" (Gn 4,1). O verbo usado *qânâh* designa a posse. No nascimento de Set, que nasceu após a morte de Abel, Eva diz: "Deus me concedeu outra descendência" (Gn 4,25). Trata-se de duas concepções da maternidade, uma possessiva e outra oblativa.

Remontando ao que descrevemos na evolução das civilizações matriarcais e patriarcais, as primeiras civilizações fundadas sobre a mãe como único genitor, são marcadas por uma relação fusional e possessiva. O surgimento do patriarcado e da figura do pai permite sair dessa relação que é fonte de violência. O filho, então, pode encontrar uma adequada autonomia em razão do terceiro que se insere entre sua mãe e ele. A presença do pai, amado por sua mãe, permite-lhe compreender que ele não está sozinho face a ela. Entre seu pai e sua mãe, ele encontra um espaço para crescer, descobrindo a própria unicidade, como o demonstra a psicologia.

O "masculino" faz passar da maternidade possessiva – "É meu corpo, posso fazer o que eu quero", como se ouve com frequência – para uma maternidade oblativa, que é a ação de graças pelo dom da vida. Nas questões contemporâneas que surgem a respeito da concepção, marca presença também o desafio de considerar o filho enquanto tal como um dom, e não como algo devido, para preservar sua singularidade e sua dignidade humana. Toda a sua educação, sua relação com os pais, sua vida, serão totalmente afetadas por isso.

Da mesma forma, a mulher contribui com o indispensável dom da misericórdia, próprio de Deus, que se exprime, como vimos, pelo lugar onde se desenvolve a vida, o útero. A paternidade "masculina" não pode dispensar sua dimensão feminina, do contrário lhe faltará a dimensão essencial da misericórdia. Sem a misericórdia, a vida não pode desenvolver-se harmoniosamente.

O papa João Paulo II indica de que forma a mulher revela ao homem sua vocação divina à paternidade:

> "Imensa é a força espiritual da mulher. Uma vez liberada, ela imprime uma intrepidez muito maior, uma prontidão para o sacrifício tal que o homem não imagina".[16]

O teólogo ortodoxo Paulo Evdokimov mostra como a maternidade feminina corresponde à paternidade divina por sua capacidade receptiva do divino, como se pode constatar na Virgem Maria. É assim que ela manifesta a especificidade religiosa da natureza humana:

> "Conquistador, aventureiro, construtor, o homem não é paternal em sua essência. Esse fato tem um alcance imenso: explica por que o princípio religioso de dependência, de receptividade, exprime-se mais imediatamente por meio da mulher".[17]

---

[16] SAINT JEAN PAUL II, "le don désitéressé", in *Nouvelle Revue Théologique*, n.134, 2012.

[17] Paul EVDOKIMOV, *Sacrament de l'amour. Le mystère conjugal à la lumière de la tradition orthodoxe,* Éditions de l'Épi, Paris, 1962, p. 48-49.

Em outras palavras, existe de fato uma complementaridade entre os sexos. Como afirma o pedopsiquiatra Christian Flavigny:

> "A chegada do filho é um dom que os cônjuges fazem um ao outro, o que significa procriação, 'criação para', destinada a este ou àquela que foi doado/a".[18]

O autor ainda explicita: "A procriação é o fruto da partilha das carências entre os sexos". A mim parece que o que falta não é uma carência da natureza, mas o espaço necessário para a alteridade. Essa é o sinal da Presença de Deus que doa o esposo à esposa, e vice-versa, e doa a ambos participarem do dom da vida. Eis a razão pela qual a relação é a expressão do surgimento possível de um novo ser humano. Como o recorda o filósofo Martin Buber, afirmando que o nascimento como tal só pode ser relacional.[19]

A paternidade, além de sua função de distinção/separação da mãe e do filho que permite passar de um amor fusional e um amor oblativo, realiza-se na revelação da paternidade divina, ao acompanhar o crescimento do filho à imagem de Deus, que se alegra com o crescimento no amor de cada um de seus filhos.

A relação homem-mulher é a básica porque é ela que é feita à imagem de Deus, que é único, não, porém, solitário. Essa relação de amor é feita à imagem de Deus Trindade, em que cada pessoa é uma "relação subsistente", quer dizer, que só existe na relação de amor eterno entre o Pai e o Filho no Espírito.

---

[18] Christian FLAVIGNY, *Et si ma femme étais mon père*, Éditions LLL, Floch, 2010.

[19] Martin BUBER, *Je et Tu*, Aubier, Paris, 2001.

Em seguida, vem o apelo à fecundidade – "sede fecundos" (Gn 1,28) –, que significa que a vida na ordem divina (a vida eterna) só pode provir do amor. É a razão pela qual a Igreja insiste a respeito do indefectível liame do amor e da vida, da união e da procriação, como o recorda a encíclica do papa São Paulo VI *Humanae Vitae*. Esse modo de ver é difícil de compreender em uma sociedade hedonista como a nossa, onde a relação sexual ordenada ao prazer deve vir em primeiro lugar, fazendo passar para um segundo plano o amor e a fecundidade. O prazer sozinho nos mantém no efêmero. O amor abre-nos ao eterno.

O celibato dos padres e dos consagrados não é medo da alteridade, mas sinal do Reino, onde não há esposa nem esposo, porque tudo já está recapitulado e realizado definitivamente no amor e manifestado pela ressurreição de Jesus. Em contrapartida, uma verdadeira amizade na união dos corações e a proximidade das almas conduzem a uma fecundidade que não é de ordem carnal, mas espiritual, porque ela manifesta aquela proposta por Jesus: "Eu vos chamo meus amigos" (Jo 15,15). Sua dimensão é universal, porque não é escolhida entre os que se assemelham:

> "Não fostes vós que me escolhestes, fui eu que vos escolhi e vos designei, para irdes e produzirdes fruto e para que vosso fruto permaneça" (Jo 15,16).

Redescobrir o sentido profundo do sacerdócio de Cristo

Só existe um verdadeiro e único sumo sacerdote, como diz a carta aos Hebreus:

> "Tal é precisamente o sumo sacerdote que nos convinha: santo, inocente, sem mancha, separado dos pecadores e elevado acima dos céus. Ele não precisa, como os sumos sacerdotes, oferecer sacrifícios a cada dia, primeiro por seus próprios pecados e depois pelos do povo. Ele já o fez uma vez por todas, oferecendo-se a si mesmo" (Hb 7,26-27).

Portanto só há um sacerdote que pode fazer a ligação entre o céu e a terra, dado que ele é verdadeiro Deus e verdadeiro homem em uma única pessoa, Jesus Cristo. Assim, no batismo, cada um de nós, ao sair do banho batismal, é ungido com o santo crisma, para ser configurado a Cristo sacerdote, profeta e rei. Na Bíblia, essas três funções são desempenhadas por pessoas diferentes. O sacerdote está encarregado de oferecer sacrifícios a Deus; o profeta diz as Palavras de Deus; e o rei exprime o governo de Deus enquanto seu "representante", precisamente por ocupar o lugar e manifestar a realeza divina por sua unção real.

Cada uma das três funções permitia valorizar as outras. Natã, o profeta, não hesita em revelar a Davi seu pecado (2Sm 12,1ss). Moisés, como profeta, repreende seu irmão Aarão, considerado o primeiro da linha sacerdotal, quando fabricou o bezerro de ouro (Ex 32,21). O sacerdote Eli revela ao jovem Samuel sua vocação de profeta (1Sm 3,9). É Jesus, único sumo sacerdote, que realiza em sua pessoa a manifestação da realiza divina, o sacrifício perfeito do único sumo sacerdote e a realização das promessas proféticas enquanto Verbo divino.

Cada batizado recebe a unção que faz dele sacerdote, profeta e rei em Jesus Cristo. Pelo chamado de Deus à vocação própria de cada um, o estado de vida exprime mais particularmente uma ou outra missão de Cristo. O ministro ordenado é mais diretamente configurado com Cristo sacerdote enquanto torna presente seu único sacrifício e o dom divino. As pessoas consagradas, por sua vida, manifestam mais particularmente o profetismo do Reino que está para vir. Por fim, o povo dos batizados, por sua vida na sociedade dos homens, deve significar o Reino de Deus que já está presente.

Parece-me que, para evitar o clericalismo, o fechamento dos padres em um corporativismo impróprio ou tendente a inadequado, é bom equilibrar esses três estados de vida para que a plenitude de Cristo como sacerdote, profeta e rei, possa ser manifestada ao mundo.

Se nós nos situarmos somente em um meio termo entre o sacerdócio ministerial e o sacerdócio batismal, corremos o risco de entrarmos em conflito de poder entre os leigos e os padres. Uma fraternidade vivida de forma autêntica entre os diferentes estados de vida, leigos, padres e consagrados, permitirá apoiar sobre um tripé mais estável o cumprimento da missão e um melhor equilíbrio para trabalhar na vinha do Senhor. O único sacerdócio de Cristo será mais honrado em todos os seus aspectos e cada qual poderá encontrar serenamente seu lugar em uma responsabilidade partilhada, que conviria definir precisamente mediante o acompanhamento de um mediador ou facilitador relacional, porque sabemos que na Igreja, como em qualquer outra parte, a antecipação dos conflitos e as iniciativas de reconciliação são a chave da vida evangélica.

Aprender a ser filho para ser pai

Se a filiação materna é evidente, dado que a mãe é que gera o filho, é menos evidente a filiação no caso do pai. Sem dúvida, essa constatação pode ser contestada por causa da fecundação *in vitro* e do recurso a mães de aluguel, que podem dissociar uma mãe genética que fornece o óvulo, uma mãe fisiológica cujo parto assinala a maternidade aos olhos da administração, e uma mãe adotiva que vai educar a criança. Igualmente, para o pai, os testes genéticos podem produzir uma prova que não falta naturalmente. Mas esses artifícios na concepção referem-se a uma parte ínfima da humanidade; além disso, somos alertados pelo despertar ecológico que não se pode, sem perigo, enganar a natureza e crer que podemos modificá-la impunemente.

Pelo que concerne a nossa reflexão, não se trata tanto de saber se somos "filhos deste ou daquela", mas de aceitar a si mesmo como sendo proveniente de outro. Nós não estamos na origem de nossa própria vida.

Essa realidade fundamental e fundadora deve ajudar-nos a ir além da ilusão de autossuficiência que nos fecha em nós mesmos. É o que confirma o papa Francisco em sua exortação apostólica *Amoris Laetitia:*

> "Todos somos filhos. Isto nos recorda sempre que a vida não a demos a nós mesmos sozinhos, mas que a recebemos. O grande dom da vida é o primeiro presente que recebemos".[20]

---

[20] Papa FRANCISCO, Exortação Apostólica *Amoris Laetitia,* n. 188, março de 2016.

É a compreensão dessa realidade indiscutível que nos permite entrar em uma paternidade que não se situa acima dos outros ou em posição de dominação, mas que se verifica na acolhida alegre do serviço humilde que permite o desdobrar-se de uma nova liberdade.

A vida nos foi transmitida por nossos pais, mas, de forma antecedente, ela foi projetada desde toda a eternidade por Aquele que a fez surgir do ato criador. Isso faz com que, mesmo que não tenhamos sido desejados por nossos pais, há um amor infinito que quis nossa existência e que faz com que nós existamos hoje. Um dia, uma paroquiana, ao sair da missa, disse me: "Como se faz para viver quando nunca fomos amados por ninguém? Meus pais não me quiseram e ninguém realmente me amou". A esse questionamento difícil e abrupto, eu não encontrei outra resposta senão esta: "Se você está diante de mim, é porque alguém quis realmente sua existência. Este alguém, para mim, é Deus, em cujo projeto você sempre esteve presente. E o projeto dele em relação a sua pessoa é o de tê-la amado desde toda a eternidade e de aguardá-la para cobri-la com seu amor infinito".

Somente se aprendermos a reconhecer que somos provenientes de outro e particularmente do Totalmente Outro, é que, por nossa vez, conseguiremos sentir-nos provenientes de uma paternidade original, da paternidade de Deus. É então que podemos tornar-nos pais, acompanhando uma vida pela qual somos responsáveis, não, porém, fundamentalmente como os "criadores" dela. Nós nos tornamos "criadores/genitores" na medida em que entramos a fazer parte de um projeto maior do que os desejos humanos, a fim de que a vida se desdobre muito além de sua expressão orgânica. A vocação última desta vida, à qual devemos servir, é a de comungar eternamente com o amor de Deus que nos precede e que nós devemos acolher na liberdade.

Se compreendermos isto, entraremos no mistério da Vida divina que nos é dada no batismo, pela qual nos tornamos o que nós não somos por natureza, mas por graça: filhos de Deus. Isso é que constitui nossa identidade mais fundamental. Quando chegarmos diante de Deus, não iremos declinar nossa função social, as decorações recebidas, os agradecimentos que a sociedade nos fez em função dos serviços que podemos ter prestado, mas só teremos uma coisa a dizer: "Pai, eu sou teu filho, acolhe-me em teus braços".

Segundo as palavras transtornadoras de São João da Cruz:

> "Eu creio, eu creio somente que um grande Amor me espera. Eu sei, todavia, que então, pobre e despojado, deixarei que Deus pese o peso de minha vida. É rumo a um Amor que eu vou caminhando, é para seu Amor que estendo meus braços, é para a vida que vou descendo docemente. Se eu morrer, não choreis, é um Amor que me acolhe calmamente. Meu Redentor vai abrir-me a porta da Alegria, de sua Luz. Sim, Pai! Eis que venho para ti, como um filho, eu venho atirar-me em teu Amor, teu Amor que me espera".

Passar de genitor a Pai

O homem é incontestavelmente um genitor. É assim que ele é visto nas sociedades matriarcais. Vimos que a paternidade não é uma evidência, mesmo quando a instauração das sociedades patriarcais procurou estabelecer o estatuto dos pais pela interdição do adultério, entre outras coisas. Nesse caso, se aquele que está na origem da vida pela transmissão de seu sêmen é claramente conhecido, ele é sempre principalmente um genitor que transmite a vida orgânica, da qual ele mesmo não é o criador.

Além disso, contrariamente à mulher, a vida nasce fora dele. Ele transmite o que recebeu. Deve, então, aprender o que é a paternidade, que consiste em acompanhar o crescimento corporal, psíquico, intelectual e afetivo, coisa totalmente diferente. Muitas vezes é a mãe que lhe permite realizar essa vocação da forma como ela se situa em relação a ele, a partir do que ele vai encontrar seu lugar de pai:

> "A mãe é a primeira a poder reconhecer que o filho é um dom, que saiu de sua carne e que é um outro. Este reconhecimento permite ao homem, ao esposo, reconhecer e confessar a Paternidade de Deus, donde provém toda paternidade, portanto, inclusive a sua. Ser pai consiste em reconhecer este dom de vida que vem de Deus e em ser seu guardião".[21]

Da mesma maneira, parece-me que o padre, que não é genitor, deve encontrar seu lugar, conforme o exemplo do pai terrestre, aceitando entrar em uma relação adequada com a mulher, que lhe permitirá situar-se acertadamente na humilde posição de servidor e de guardião da vida, da vida absoluta, como fez São José. A devoção

[21] Maria-Laetitia CALMEYN, *op. cit.*

à Virgem Maria de muitos padres caminha nesse sentido. Não somente a Virgem nos diz: "Fazei tudo o que ele vos disser", convidando-nos assim a uma confiança total, mas ela é mãe da Vida ao acolher o Verbo nela mesma: "Nele havia a vida, e a vida era luz dos homens" (Jo 1,4). Como José, humilde e casto, o padre é servidor e guardião daquela que traz a vida em si.

A atitude do padre em relação às mulheres deve ser desta ordem: tendo consciência de que elas são guardiãs da vida, não somente terrena e orgânica, mas também da vida eterna que vem de Deus. Ele pode também entrar na admiração e na contemplação, como o manifesta o primeiro grito de Adão quando Deus lhe apresentou sua mulher tirada de seu lado. O padre deve acompanhar o crescimento dos fiéis, educando-os à santidade, formando a consciência, guiando a oração e imitando São José, que permitiu à humanidade de Jesus de "ir crescendo em sabedoria, estatura e graça diante de Deus e dos homens" (Lc 2,52).

O homem, assim como o pai terreno, deve ser o garante dessa paternidade de Deus que Jesus conhece na ordem divina, mas que ele quis conhecer na ordem humana por sua Encarnação. É a razão pela qual a vida espiritual do padre, como a de um pai, é indispensável para o crescimento espiritual do filho. É essa piedade que permite manter-se humilde silencioso, como foi São José.

Incontestavelmente, a função do pai evoluiu nestes últimos 50 anos. Os primeiros meses da vida, ou seja, os primeiros anos, cabiam essencialmente à mãe, que alimentava e cuidava de seu bebê. A maior parte do tempo, o pai garantia o revezamento quando o filho começava a falar, podia responder, fazer perguntas. O pai sentia-se então habilitado a intervir na educação, entendida como desdobramento das capacidades cognitivas e físicas.

Eu vi pouco a pouco os pais se posicionarem em uma função diferente e cuidar de seus filhos nos primeiros meses de sua existência. Em particular, assumindo tarefas da vida diária, como mudar as fraldas do bebê, dar-lhe a mamadeira, sem que com isso sua função de pai fosse desvalorizada. Essa evolução foi permitida pelas mulheres que estimularam os homens a assumir suas responsabilidades no acompanhamento desta vida emergente, mas aceitando também certo deslocamento da relação fusional inicial, que, até então, era muito generalizada e aceita pela sociedade da época.

Da mesma forma, parece-me que o padre não deve sentir-se diminuído por participar de tarefas subalternas da missão em um espírito de fraternidade e de serviço. Aliás, é o que acontece em razão da realidade que se impôs e que constatou a mudança dos membros do presbitério. Não existem mais as "perpétuas" do pároco. No entanto, além dos serviços domésticos, há a necessidade de os padres acompanharem os primeiros passos dos que voltam para a Igreja, que descobrem a face amorosa do Senhor Jesus Cristo, tomando conta de suas ovelhas com afeição e ternura.

Não é secundário que o padre faça suas caminhadas, quando ele pode encontrar-se com seus fiéis, mas também com todos que serão tocados por vê-lo viver a vida comum. Esse contato com os comerciantes e com a população local muitas vezes mostrou seu valor missionário. Quando eu era pároco, acolhi um padre estudante chinês que se mostrou muito chocado ao ver-me sair para levar o lixo no fim do dia. Pelo contrário, a mim parecia que, para além da evidente necessidade diária, isso permitia entrar em contato com as pessoas do quarteirão, que não receavam falar-me, o que jamais teriam feito se eu tivesse ficado isolado atrás dos muros, em meu presbitério. Parece-me importante para um padre conhecer a vida diária das pessoas comuns.

A paternidade espiritual

É importante situá-la em relação à paternidade de Deus, como dissemos, mas também em relação à paternidade humana. Ela possui um caráter próprio, mas convém distingui-la do acompanhamento e da direção espiritual, como fez o P. Albert Chapelle, s.j., em numerosas conferências que ele pronunciou a respeito desse assunto. Para ele, o acompanhamento espiritual consiste em acolher alguém a fim de ajudá-lo a reconhecer a alegria de Deus que o Espírito Santo desperta nele. É preciso, então, ajudar a pessoa a buscar a face de Cristo, descobrindo que Deus a ama.

A direção espiritual não consiste em prescrever um comportamento, mas simplesmente em mostrar um caminho e em dar um conselho para a ação. Acompanhamento e direção espiritual não estão reservadas aos padres, podem ser exercidas por batizados "sacerdotes, profetas e reis", homens e mulheres.

O gesto sacramental realizado pelo padre é o do próprio Cristo. Quando o padre batiza, é Jesus quem batiza; quando perdoa, é Jesus quem perdoa; e quando celebra a eucaristia, é Jesus quem pronuncia nele as palavras da consagração.

A direção espiritual, que eu prefiro chamar com uma palavra mais adequada de "acompanhamento" espiritual, é uma missão fraterna na qual um batizado maduro na vida interior ajuda seu irmão ou sua irmã a entrar em maior intimidade com o Senhor. É como irmão batizado que o padre cumpre essa tarefa. Se ele é chamado a receber a confissão para dar o perdão sacramental em nome de Jesus, então ele reveste e manifesta, como Cristo, a paternidade misericordiosa do Pai. Mas as duas coisas, acompanhamento e confissão, podem estar totalmente dissociadas uma da outra.

Trata-se, portanto, de distinguir a imediatez da ação de Deus nos sacramentos e a mediação no acompanhamento. O sacramento é sinal eficaz da graça divina que opera por ele mesmo, desde que devidamente celebrado. No acompanhamento, a efetividade da autoridade do acompanhante depende unicamente de quem o escuta. Quer dizer, a importância da liberdade do dirigido deve ser sempre privilegiada para evitar qualquer dominação daquele que o acompanha.

É importante que o batizado ou batizada que assume uma direção espiritual viva uma vida baseada nos sacramentos da eucaristia e da penitência. Dessa forma, eles reconhecem que o acompanhamento em que se manifesta a paternidade e a maternidade espirituais que eles exercem enquanto leigos/as ou como padres não lhes pertencem absolutamente.

A paternidade espiritual em si é uma realidade mais delicada. Lembramos novamente a palavra de Jesus: "Não chameis a ninguém na terra de 'pai', pois um só é vosso Pai, aquele que está nos céus" (Mt 23,9). No entanto, muito cedo na Igreja, a paternidade no Espírito foi considerada uma manifestação da Paternidade de Deus. A vida que o pai espiritual deve comunicar é a expressão da caridade de Deus.

Na vida de São Pacômio está escrito: "Depois de Deus, Pacômio era seu pai". Portanto, trata-se sempre de uma paternidade "depois de Deus". Mesmo nos mosteiros, em que o lugar do abade é tão importante, está explicitado na regra que essa paternidade vem "do espírito de adoção pelo qual dizemos: Abá, Pai!"

Albert Chapelle esclarece: "Na paternidade espiritual, é Deus que se doa, que gera para a própria vida, que faz nascer a filiação adotiva".

No caso do padre, não há nenhuma filiação, nenhuma geração segundo a natureza. Ele não é um genitor que deve tornar-se pai, como no caso do pai de família, mas ele deve ser testemunha de Deus que gera para a vida divina.

Não é o padre que comunica a vida divina, é o próprio Senhor que o faz. É preciso aceitar essa forma de impotência, significada também pelo celibato pelo Reino. Bispos e padres, nós não geramos nada para nós mesmos, mas, como um pai terreno, cabe-nos transmitir e comunicar essa vida que vem de Deus. É uma condição essencial para não exercer uma dominação sobre a liberdade alheia ou um poder constrangedor que criaria obstáculos à liberdade do Espírito Santo, que sopra onde quer, sem que nós saibamos donde vem ou para onde vai.

Quando eu comuniquei minha entrada para o seminário ao padre que trabalhava no interior para onde se tinham retirado meus pais, ele me disse, admirado: "Eu pensei em muita gente que poderia ter respondido ao apelo de Deus, não, porém, em você". No entanto esse padre se alegrou sinceramente e se deixou surpreender em seu discernimento. Muito me ajudou por sua santidade de vida e acompanhou discretamente meus primeiros passos no seminário, mostrando assim sua grande flexibilidade e sua disponibilidade na acolhida do Espírito Santo. Como diz P. Albert Chapelle:

> "Mais profundamente do que qualquer influência, há no homem a impotência em não poder comunicar o ser, em não poder comunicar a vida divina. É esta a impotência em que o homem se encontra e ele deve sentir-se feliz por se encontrar em uma situação de poder respeitar a liberdade alheia. Não se pode apreciar devidamente o dom da paternidade espiritual, se não se chega a sentir alegria pela impotência da criatura de não ser o Criador".

O lugar mais importante em que se manifesta essa impotência do padre é o momento da consagração do pão e do vinho. É então que o padre age *in persona Christi,* o que quer dizer que Cristo se apodera de toda a sua pessoa, de sua voz, de suas mãos, para vir ele mesmo consagrar o pão e o vinho a fim de que se tornem seu Corpo e seu Sangue. Isto quer dizer que o padre é impotente para que o Corpo e o Sangue de Cristo se tornem realidade. É essa impotência que lhe permite acolher a presença de Cristo nele.

Jesus é a única testemunha da paternidade do Pai: "Ninguém conhece o Pai, senão o Filho e aquele a quem o Filho o quiser revelar" (Lc 10,22). É a contemplação de Cristo que permite ao padre, com quem ele está configurado, manifestar alguma coisa da paternidade divina. Para o padre, trata-se de permitir a quem ele acompanha de se descobrir como criatura e filho de Deus.

Quem recebe esse encargo deve penetrar em um escondimento e em uma aceitação da impotência humana de dar a conhecer essa filiação divina. Essa impotência, essa incapacidade de chamar a Deus de Pai fora do Filho único, leva aquele que recebeu o título de pai espiritual a um desapego da própria afetividade, que deveria, se ela é real e sincera, impedir toda forma de domínio e de abuso do poder. Para o P. Albert Chapelle, o reconhecimento dessa impotência é até mesmo a condição necessária para vivenciar sua identidade de pai espiritual: "Quem assim se sente gerado pelo Pai na maternidade da Igreja, também vivencia o reconhecimento de sua própria identidade".[22]

Um pai natural deve permitir o crescimento de seu filho. Ele deve permitir-se ser ele mesmo, independentemente de seus desejos ou de seus sonhos de pai. Lembramo-nos aqui da conhecida canção de Jacques Brel: *Rosa*, na qual ele fala destas famosas projeções paternas: "Ele será farmacêutico porque papai não conseguiu ser". Um filho não pode servir para preencher as frustrações paternas.

---

[22] Albert CHAPELLE, s.j., *La sainteté des consacrés*, CDRR, Vie consacrée, Namur, 1995.

Assim, o padre deve exercer paternalmente seu ministério.

Eu me lembro de minha primeira missão como pároco. Apenas eu cheguei, carregado de entusiasmo e repleto de ideias, encontrei um vigário idoso, cheio de bondade e gentileza. Imediatamente eu disse a mim mesmo que iria fazê-lo entrar facilmente dentro de minha visão pastoral e, com os fiéis sob minha responsabilidade, confiar-lhe tarefas importantes. Todavia esse homem tinha sofrido provações pessoais extremamente dolorosas. Ordenado para uma diocese da Bretanha com outros 30 padres, ele foi o único que permaneceu em sua condição sacerdotal. Quando seu bispo lhe comunicou que não precisava mais dele, veio para Paris e tentou ganhar a vida como podia. Encontrando um trabalho como capelão de algumas religiosas, acabou sendo nomeado vigário nessa paróquia quando tinha mais de 70 anos.

Quando eu lhe confiei alguns encargos de responsabilidade, notei que ele era tomado por angústias terríveis que o paralisavam. Compreendi, então, que um vigário não existe para servir aos projetos de seu pároco, mas que, pelo contrário, o pároco devia permitir-lhe trabalhar descobrindo os talentos que Deus lhe tinha concedido. Ele possuía um dom extremamente raro de escuta, de compaixão, de empatia, que tocava profundamente o coração das pessoas que ele acolhia. Liberando-o das responsabilidades que o angustiavam e permitindo-lhe dar o melhor de si, a paróquia cresceu em fraternidade e comunhão. Eu então compreendi que as pessoas eram mais importantes dos que os projetos e que, como um pai faz com seus filhos, eu devia permitir que cada qual fizesse o que pudesse, mais do que construir projetos miríficos e frequentemente ilusórios, que só teriam servido para a minha vaidade e não para o serviço fraternal desse Corpo, que é a Igreja, do qual Cristo é a Cabeça.

A palavra "cura" [padre] vem do latim *curare* que significa cuidar. Este é o primeiro "encargo paternal" que jamais se deve sufocar.

Todavia, no que tange à paternidade humana ou espiritual, é preciso lembrar a frase de Santo Agostinho a propósito dos dois amores: "O amor de si até o desprezo de Deus ou a busca de Deus até o desprezo de si". Eu penso que só é possível encontrar-se a si mesmo no contexto da verdade de Deus. Quando Jesus diz: "Eu sou o caminho, a verdade, a vida" (Jo 14,6), significa que nossa vida não é uma rua sem saída que conduz à morte, mas um caminho que conduz à vida, por pouco que se tenha vivido com ele. A verdade de que se trata não é um conceito filosófico ou científico de adequação ao real, mas a verdade de cada um de nós à luz de Deus. É isso que nos permite entrar na Vida de Deus, que se desdobra aqui embaixo, muito além dos limites naturais da vida orgânica.

Se o pai terreno quiser que seu filho possa encontrar sua verdadeira identidade, deve permitir-lhe que tenha esse sublime encontro com o Senhor.

Isso é ainda mais verdadeiro no caso do padre que vive sua paternidade, quando permite aos fiéis se sentirem atraídos por Deus, encontrando nele sua felicidade, sua alegria e em se deixando gerar por Ele para serem recriados à sua imagem, e em lhes permitindo saber quanto eles são amados por esse Pai celeste. É assim que o padre exerce sua paternidade, permitindo que Deus gere a pessoa em seu amor a fim de que ela, por sua vez, ame como o Senhor nos pede: "Amai-vos uns aos outros como eu vos amei" (Jo 15,12).

Bispos e padres devem tornar-se como pais de filhos que chegaram à idade adulta. Não se trata de considerar os fiéis batizados como crianças que devem aprender a vida, nem como adolescentes que buscam sua identidade e seu futuro. O pai de um adulto acompanha a liberdade de seu filho, encoraja-o, e se ele, pai, permanecer em seu lugar devido, sem pretender dominar essa vida que não lhe pertence, saberá guiá-lo conservando sua confiança.

O discernimento benevolente é sem dúvida a virtude principal que então é preciso exercer, renovando sempre esse olhar de amor, mesmo diante de uma eventual contradição que sempre pode surgir. Sabemo-lo muito bem dentro da Igreja, onde os conflitos não faltam entre os cristãos. O bispo, antes de tudo, é aquele que trabalha para a unidade. É preciso que ele seja um irmão em nome de seu batismo e um pai em nome de sua filiação. Tinha-o compreendido muito bem Santo Agostinho que nós já citamos:

> "Se o que sou para vós me atemoriza, o que sou convosco me tranquiliza. Para vós, sou bispo; convosco sou cristão. Bispo, é o título de um encargo que se assume; cristão, é o nome da graça que se recebe. Título perigoso, nome salutar".

O ENCARGO APOSTÓLICO

Depois de sua Ressurreição, o Senhor Jesus encarregou seus apóstolos de perpetuar sua missão:

> "Foi-me dada toda autoridade no céu e na terra. Ide, pois, e fazei discípulos todos os povos, batizando-os em nome do Pai, do Filho e do Espírito Santo. Ensinai-os a observar tudo o que vos mandei. Eis que estou convosco todos os dias, até o fim dos tempos" (Mt 28,18-20).

É o momento em que ele lhes confia esse encargo – "como o Pai me enviou, eu também vos envio (Jo 20,21) –, quando soprou sobre eles para comunicar-lhes o Espírito Santo a fim de cumprir a missão de salvação e de misericórdia (Jo 20,22-23).

É assim que, na tradição católica, perpetuou-se a sucessão apostólica que é conferida pela imposição das mãos desde as origens. Essa missão apostólica consta de três encargos particulares: a santificação, o ensino e o governo.

O primeiro postulado a se colocar é que a Igreja está fundada sobre Cristo, verdadeiro "chefe" da Igreja. Na *Lumen Gentium*, o concílio Vaticano II recorda-o com força:

> "O único mediador, Cristo, constituiu e incessantemente sustenta aqui na terra sua santa Igreja, comunidade de fé, esperança e caridade, como organismo visível, pelo qual difunde a verdade e a graça a todos".[23]

[23] Constituição Dogmática sobre a Igreja *Lumen Gentium*, n. 8.

Cristo chamou apóstolos para perpetuar sua missão divina até o fim dos séculos. Os bispos são os sucessores dos apóstolos e, pela ordenação conferida pela imposição das mãos desde os tempos apostólicos, o bispo recebe três funções que o Senhor confiou a seus Apóstolos: o ensino, a santificação e o governo.

O ensino consiste em pregar o Evangelho e a fé que a Igreja recebeu dos Apóstolos e que, sob sua responsabilidade, transmite-se às gerações sucessivas. Não se trata de um saber livresco, nem psicológico, nem enciclopédico, mas de conhecer o conteúdo da fé e de viver de acordo com a fé. É essa vivência que confere ao ensino ser fecundo na ordem da vida com Deus. É uma transmissão de vida a partir da Palavra de Deus e não um patrimônio cultural ou religioso que, por mais precioso que seja, não leva a viver na intimidade divina. O conteúdo desse ensinamento é o mistério de Deus que se assume pessoalmente. Eis a razão pela qual é importante que o bispo e o padre que partilham sua missão tenham uma vida espiritual profunda e que cultivem a amizade com seu Senhor, para poder ensinar, não o que eles sabem, mas o que eles vivem.

A santificação consiste na transmissão ordinária da graça por meio dos sacramentos, que são sinais eficazes dela. Se a graça pode ser doada por Deus diretamente, porque "o Espírito sopra onde ele quer e nós não sabemos donde vem nem para onde vai", ela é dada de forma ordenada e da forma como quis Cristo, ou seja, por meio dos sete sacramentos que ele deu à sua Igreja e que ele confiou a seus apóstolos. Essa missão é essencial para que o povo de Deus receba "a vida em abundância" (Jo 10,10).

É esse o ensinamento da Igreja, retomado por São João Paulo II em sua encíclica *A Igreja vive da Eucaristia:*

> "[O padre], pela faculdade recebida na ordenação sacerdotal, realiza a consagração; é ele, com o poder que lhe vem de Cristo, do cenáculo, que pronuncia: 'Isto é o meu Corpo que será entregue por vós'; 'este é o cálice do meu Sangue, [...] que será derramado por vós'. O sacerdote pronuncia estas palavras ou, antes, coloca sua boca e sua voz à disposição d'Aquele que as pronunciou no cenáculo e quis que fossem repetidas de geração em geração por todos aqueles que, na Igreja, participam ministerialmente de seu sacerdócio".[24]

O padre celebra *in persona Christi capitis,* quer dizer na "na específica e sacramental identificação com o Sumo e Eterno Sacerdote da aliança eterna, que é o autor e principal sujeito desse seu próprio sacrifício".[25]

O concílio Vaticano II especifica a relação entre o ministro e o povo de Deus:

> "O sacerdote ministerial, pelo poder sagrado de que goza... realiza o sacrifício eucarístico na pessoa de Cristo e o oferece a Deus em nome de todo o povo. Os fiéis, em virtude de seu sacerdócio régio, concorrem na oblação da Eucaristia".[26]

O governo é, sem dúvida, o ponto mais delicado, porque com frequência é objeto de incompreensão e da

---

[24] SÃO JOÃO PAULO II, *Ecclesia de Eucharistia vivit,* n. 5.

[25] *Ibid.,* n. 29.

[26] Constituição Dogmática sobre a Igreja *Lumen Gentium,* n. 10.

possibilidade de abusos do poder que gera o desgosto e, às vezes, a deserção dos fiéis. É preciso recordar que a autoridade conferida por Cristo tem como objetivo congregar na caridade e servir à comunhão na paz.

Encarregados das Igrejas particulares, como vigários e legados de Cristo, os bispos as dirigem mediante seus conselhos, seus encorajamentos, seus exemplos, e também por sua autoridade e pelo exercício do poder sagrado, cuja administração, todavia, só lhes cabe para a edificação na verdade e na santidade de seu rebanho, recordando-se, porém, que aquele que é maior deve ser como o menor, e aquele que manda, como aquele que serve (cf. Lc 22,26-27). Isso nos é recordado na constituição dogmática sobre a Igreja *Lumen Gentium*, n. 27.

Esses três "encargos", o bispo os confia, sob sua responsabilidade, a seus colaboradores ordenados, os padres e os diáconos. Na posse de um pároco, é significativo que a comunicação da função de governo ocorra no momento do abraço da paz.

Agora precisamos aprofundar alguns termos a fim de eliminar qualquer ambiguidade.

A autoridade

Na Bíblia, desde o Livro do Gênesis, a autoridade, que é dada por Deus, não é um poder coercitivo. Esta autoridade sobre o conjunto da criação é significada pelo verbo "dominar" no primeiro capítulo e pelo fato de "dar o nome" no capítulo segundo. Ela significa uma delegação entregue ao homem para manifestar a benevolência de Deus. É a autoridade fundada sobre o próprio Amor de Deus que o homem deve exercer. Não se trata, de modo nenhum, de uma exploração em proveito próprio ou de uma autonomia absoluta na gestão dos bens de Deus; esta seria um atentado à soberania divina (como se constata no capítulo terceiro do Livro do Gênesis, quando nossos primeiros pais quiseram tornar-se como Deus e livrar-se do jugo de Deus, comendo do fruto da árvore do conhecimento do bem e do mal).

É uma autoridade "para fazer crescer", para "desenvolver", como recorda o papa Gregório Magno. É evidente que esta compreensão da autoridade remete diretamente à autoridade paterna evocada anteriormente.

Assim se deu com a autoridade divina transferida a José: "Tu lhe darás o nome de Jesus" (Mt 1,21), e a Maria: "Tu lhe porás o nome de Jesus" (Lc 1,31). Para seus pais, trata-se de fazer com que Jesus cresça na humanidade que o Filho de Deus assume em sua Encarnação.

A autoridade sacerdotal permite *fazer crescer em santidade o povo que lhe foi confiado.*

O governo

É preciso remontar a sua origem etimológica: "governar", do latim *gubernaculum* [leme] significa dar a direção. É próprio de um pastor, de um verdadeiro pastor de ovelhas, levá-las para pastagens abundantes, cuidando que nenhuma delas se perca. O verdadeiro pastor, Nosso Senhor Jesus Cristo, não hesita em deixar o rebanho, para procurar a ovelha perdida. Da mesma forma, o governo consiste em mostrar o caminho a seguir para ir a Deus e viver de sua graça. E se uma só alma correr o perigo de se perder, estar pronto a deixar tudo para reencontrá-la, tomá-la em seus braços ou sobre seus ombros, para permitir-lhe que reencontre o caminho. Nestes tempos que hoje vivemos na França, onde há 99 ovelhas fora do aprisco e uma só dentro dele, devemos verdadeiramente cuidar-nos para não só dedicar-nos a pentear, escovar, cuidar da ovelha que ficou no redil, mas estar prontos a doar a própria vida para ir buscar as ovelhas que estão fora dele.

Não se trata de fazer funcionar uma fábrica, uma empresa, o melhor possível, dispostos a deixar alguns "pelo caminho", para obter uma eficácia maior e uma boa gestão da "loja".

A verdadeira riqueza, a única, na verdade, são os fiéis. Cada um deles é um tesouro que pertence ao Senhor e do qual todo pastor deverá prestar contas. Não se trata aqui de afinidade ou de simpatia, por imaginarmos que nos encontramos em um clube de amigos selecionados. Trata-se de ser atencioso, de vigiar, de cuidar. Aliás, é a origem da palavra "cura" [padre] (*curare*, cuidar).

O governo consiste em *guiar cada fiel até Deus*.

O serviço

O serviço se funda sobre o lava-pés na tarde da Santa Ceia. A liturgia da ceia judaica nos informa que a refeição começa pelo rito de lavar as mãos. Trata-se de uma refeição festiva, onde cada conviva bebe por sua vez uma taça de vinho, pronunciando a seguinte bênção: "Bendito sejas, Senhor, nosso Deus, rei dos séculos, que nos dás este fruto da videira".

A refeição começa oficialmente quando o pai de família (ou quem preside a comunidade) parte o pão. Ele o distribui entre os convidados, dizendo: "Bendito sejas, Senhor, nosso Deus, que fizeste com que a terra produzisse o pão".

Só então é que são servidos a cada um os diversos pratos e as bebidas. Mas o rito essencial é a grande bênção do fim da refeição. Uma lâmpada é introduzida (com frequência pela mãe de família), evocando a criação dos luminares [sol, luz, estrelas...].

Em seguida, há o segundo rito para lavar as mãos. Quem preside recebe a água das mãos do mais jovem dos convivas. Ele toma então a taça com vinho e água, convidando os presentes a se unirem a sua ação de graças: "Demos graças a nosso Deus que nos alimentou com sua abundância".

Na Santa Ceia, Cristo abençoou e partiu o pão, antes de dizer: "Tomai, isto é meu Corpo". Na bênção final, antes de abençoar a última taça que fará passar entre os apóstolos, dizendo "Este é meu Sangue, da nova aliança, derramado por vós", Cristo substitui o rito de lavar as mãos pelo do lava-pés, que ele mesmo realiza para significar o amor humilde daquele que veio para servir: "Vós me chamais de Mestre e Senhor, e dizeis bem, porque eu o sou. Se eu, o Senhor e Mestre, vos lavei os pés, também vós deveis lavar os pés uns dos outros" (Jo 13,13). É significativo que na Quinta-feira Santa seja o pároco ou o responsável pela comunidade a repetir esse gesto que recorda que Jesus é o servo de Deus, o verdadeiro adorador que obedece a Deus.

São Paulo nos diz: "Ele [Jesus], de condição divina [...] assumiu a condição de escravo [*doulos*]" (Fl 2). Jesus se fez escravo dos homens, ao passo que na concepção tradicional, por exemplo, do Islão, é o homem que é escravo de Deus (em árabe *abd Allah*). Esta atitude de Jesus nos revela que a humanidade agora, por Cristo, já está habitada por Deus e que assim ela recebe uma dignidade insuperável.

Em Cristo, nós compreendemos o sentido do serviço cristão: "O Filho do Homem não veio para ser servido, mas para servir e dar sua vida" (Mc 10,45). "Eu estou no meio de vós como aquele que serve" (Lc 22,27).

É a razão pela qual agora o cristão é servidor na condição de filho de Deus, não de escravo (Gl 4,1-11). Mais ainda, a graça faz-nos passar da condição de servos à de amigos de Cristo (Jo 15,15), para que participemos de sua alegria (Mt 25,14-23).

Muitos padres, canonizados ou não, realizaram esse serviço humilde até o dom total de sua vida. São Maximiliano Kolbe (1894-1941), que aceitou tomar o lugar de um pai de família condenado no campo de concentração nazista de Auschwitz; São Damião de Molokai (1840-1889), que no século XIX partilhou sua vida com a dos leprosos e morreu de sua doença; e muitos outros ainda, numerosíssimos, que se despenderam, sem descanso, no serviço de seus fiéis. É o caso bem conhecido de São Vicente de Paulo (1581-1660), mas também do Cura d'Ars, São João Maria Vianney (1786-1859), em seu confessionário.

Esse serviço que só é possível fazê-lo no amor, o pastor o realiza especialmente em relação aos pobres. Como o Santo Cura d'Ars, cuja casa chegava a acolher até dez pobrezinhos que estavam de passagem. Ele levava água para matar a sede dos necessitados. Ajudava os paroquianos que tinham dívidas, pagando o aluguel de um e de outro: "Eu devo sustentar 25 famílias", dizia ele à condessa de Garets. D. Fourrey dizia dele: "É um segundo Vicente de Paulo cuja caridade faz milagres".

O poder

A *Lumen Gentium* usa a expressão "poder sagrado" para designar o encargo episcopal de governo, o que faz referência à onipotência de Deus. No *Credo*, dizemos: "Creio em Deus todo-poderoso".

Esse poder ligado à realeza divina, desde Saul, foi confiado a um homem encarregado de manifestar sua majestade. Para deixar claro que ele era representante (ou "*lugar-tenente*") dessa realeza que só pertencia ao Senhor, ele era ungido (com óleo), daí seu nome de *messias* [ungido].

Evidentemente, a tentação permanente do rei, apesar de instituído por Deus, é de exercer um poder cujo princípio é a força armada, o poder do dinheiro ou de qualquer outro meio que assegure sua autoridade. É esse princípio que funda a monarquia (*monos arqué*: um só princípio). O verdadeiro Messias, aquele que Israel aguarda, será sacerdote, profeta e rei. Sobre a Cruz, Cristo é rei, manifestando que o princípio da realiza divina não é um meio de dominação terrena, mas que se funda unicamente sobre o amor. Em Deus, é o Amor que é todo-poderoso.

Muito cedo na Igreja foi preciso distinguir os poderes. Como ela tinha cuidado do bem comum, da *res publica*, foi preciso definir os domínios próprios do Estado e os da Igreja. Por exemplo, quando o imperador Teodósio quis assentar-se no presbitério de uma igreja em Milão, no meio do clero, Santo Ambrósio (339-397), bispo, fez-lhe entender que não era lá seu lugar. A cada qual seu domínio: ao Estado, o direito público e privado; à Igreja, a fé e a organização da crença. Foi o papa Gelásio I que no século V (em 494) estabeleceu uma primeira distinção entre a *auctoritas* consagrada dos pontífices e a *potestas* dos reis.

O poder com frequência é associado à opressão. Incontestavelmente, é um risco para aqueles que são depositários da onipotência do poder divino. Eis a razão pela qual é tão importante lembrar-se de que esta onipotência só pode ser exercida em um ato de amor supremo que Cristo manifesta sobre a cruz. É somente para que o imitemos que o poder nos foi entregue, para manifestar ao mundo que "ninguém tem maior amor do que aquele que dá a própria vida por seus amigos" (Jo 15,13).

O poder sagrado e régio, portanto, é a manifestação do amor de Deus (a caridade, *caritas* em latim, *agape* em grego).

CONCLUSÃO

Quando um padre é nomeado para um encargo, ele o recebe. Não escolhe seu ministério, nem o povo ao qual é enviado. Atualmente, os fiéis não escolhem mais os próprios pastores. Mesmo quando eles o escolhiam, o pastor era enviado a eles. Isso pode ser inaceitável em uma democracia, na qual os governados escolhem (até certo ponto) seus governantes. O sentido profundo desta prática é que um pastor não dá a si mesmo a missão a cumprir. Se ele é capaz de recebê-la como um dom de Deus (apesar da fragilidade dos que têm o encargo de confiá-la), ele deverá aprender a amar aquele povo em que cada membro se vê a face de Cristo.

Aquele que confia esse encargo apostólico ao padre sempre o aconselha a, antes de tudo, humildemente tomar conhecimento do que já se fez, de conhecer a história cristã desse povo, de saber admirar o que não brotou dele. Sem dúvida, antes de tudo, para respeitar o trabalho de seus antecessores, mas também desse povo que muitas vezes dedicou um bocado de energias a serviço de Cristo e dos irmãos. Depois de um ano, é hora de continuar e impulsionar uma nova dinâmica pastoral, aproveitando dos frutos anteriores, sem machucar ou fazer desesperar os que levaram a sério o próprio sacerdócio batismal. Quanto mal fizeram os que chegam com as próprias ideias preconcebidas da pastoral e querem impor, custe o que custar, o que eles faziam em outro lugar e que não é adaptado no lugar para onde estão sendo enviados. É, portanto, a virtude da caridade que preside absoluta e definitivamente o encargo de governo pastoral.

A caridade verdadeira é contagiosa e, por esta razão, é missionária. O papa Francisco lembra-o em sua exortação apostólica *"A alegria do Evangelho"*, bem como em muitas de suas intervenções: "A Igreja cresce, não por proselitismo, mas por atração".[27]

O Cura d'Ars, por exemplo, ensinou a seus paroquianos a dar aos pobres e a socorrer o que passavam necessidade. O P. Nodet escreve:

> "Jean-Benoît Cinier, que morava diante da igreja, acolheu um paralítico. Antoine Rousset, seu vizinho, deu emprego a um rapaz que era filho natural. Michel Mandy, o pedreiro da rua Trêve, acolheu em sua casa um menino abandonado".[28]

O exemplo de paternidade espiritual dado pelo Santo Cura d'Ars remete-nos diretamente ao cuidado que Deus toma de cada ser humano que ele criou à sua imagem, homem e mulher. O próprio Deus é o bom pastor que toma conta de cada uma de suas ovelhas. Ele não fez isso do alto do céu como de um pedestal, mas em seu Verbo, ao assumir carne de nossa carne. Sua solicitude não é feita a distância; o Pai em seu Filho vai até o ponto de,

---

[27] Papa FRANCISCO, *Evangelii Gaudium*, n. 14.

[28] Bernard NODET, *Le curé d'Ars para ceux qui l'ont connu,* François-Xavier de Guibert, Paris, 2009.

no Espírito Santo, dar sua vida. Aquele que é chamado a doar a própria vida no seguimento de Cristo revela a paternidade do Senhor:

> "Deus compassivo e clemente, lento para a ira e rico em misericórdia e fidelidade, que guarda a misericórdia por milhares de gerações" (Ex 34,7).

Um pastor deve, sem falta, reler a parábola do Bom Samaritano, onde, aquele que é a figura de Jesus, diz-nos como ao hospedeiro: "Toma conta dele" (Lc 10,35). Há diversos riscos para nós.

O primeiro é o de pensar: *eu estou em ordem com a lei ou com os preceitos da Igreja.* O sacerdote passa ao lado do homem ferido. Por quê? Um sacerdote que volta de Jerusalém cumpriu seu ofício sagrado para o qual ele foi purificado. Ora, na lei referente a ele, não pode tornar-se impuro tocando o sangue. A lição que nos é dada é que o ritual não pode estar acima da caridade; que a lei absoluta que explica toda lei divina é o amor. Cristo o recordou com estas palavras: "O sábado foi feito para o homem, não o homem para o sábado" (Mc 2,27).

O segundo risco é de dizer: *eu escolhi aquele de quem cuido.* O levita conhecia a lei, aliás, era seu ofício: "Amarás ao próximo como a ti mesmo". Mas quem é meu próximo? Cristo responde: É aquele de quem tu te fazes próximo. Nós não escolhemos nossos fiéis, assim como o médico não escolhe seus pacientes. Devemos acolhê-los e amá-los como eles são. O Bom Samaritano é cada um de nós quando sabe ver a face de Cristo em seu irmão.

Quem é o verdadeiro Bom Samaritano? O Senhor Jesus. Somente ele é que para, trata as feridas do que foi assaltado, coloca-o sobre seus ombros, paga por ele e o confia a outro para que cuide dele. É mesmo ele, Cristo, que veio percorrer nossos caminhos, curar nossas feridas, pagar por nós, e confiar-nos uns aos outros para que cuidemos uns dos outros. Ele prometeu que voltaria e nós pensamos que ele voltará na glória para recapitular todas as coisas no amor de Deus.

Para ser um Bom Samaritano e cuidar de nossos irmãos, é preciso crer que, em primeiro lugar, é o Senhor Jesus que tomou cuidado de nós e que nos dá seu Espírito para realizar o que ele mesmo nos pediu para fazer: “Eu vim para servir, não para ser servido”. É assim que a missão magnífica do padre o fará profundamente feliz e poderá satisfazê-lo, como o Senhor prometeu. Assim também, no seguimento de Jesus, ele manifestará a autêntica paternidade daquele que é a fonte da Vida e do Amor.

O clericalismo é uma perversão da paternidade divina que, normalmente, o ministro ordenado deve manifestar. O clericalismo consiste em apropriar-se da missão que foi confiada e fazer dela um lugar de poder, em vez de um lugar de serviço.

A paternidade espiritual que habitualmente é reconhecida no padre, que muito gentilmente é chamado de “senhor padre” ou de “querido padre”, é uma maneira de reconhecer por parte de todos os fiéis a única paternidade da qual todas as demais provêm, a de Deus, Pai de Jesus Cristo, manifestada no Espírito Santo. Isso deve tornar-nos particularmente atentos, nós que somos ordenados, isto é, configurados a Cristo bom pastor, único pastor, de revelar como ele fez a única paternidade de seu Pai: "Ninguém conhece o Pai, senão o Filho". Por Cristo, nós fazemos parte de uma fraternidade universal, a fim de fazer com que todos possam dizer: "Pai Nosso".

ÍNDICE

Prefácio 3
Introdução 9
O surgimento da paternidade 15
O conceito de Deus como Pai do povo de Israel 21
Como é a paternidade de Deus? 25
O clericalismo 29
Como evitar o clericalismo 37
- Considerar Deus como verdadeiro Pai 37
- Homens e mulheres, ele os criou 40
- Redescobrir o sentido profundo do sacerdócio de Cristo 47
- Aprender a ser filho para ser pai 50
- Passar de genitor a Pai 52
- A paternidade espiritual 56

O encargo apostólico 65
- A autoridade 68
- O governo 69
- O serviço 70
- O poder 73

Conclusão 75